Lehrbuch Psychographie
Menschenkenntnis mit System

von Werner Winkler

2. ergänzte Auflage 2004

Werner Winkler Verlag
Membergstraße 10, D - 70734 Fellbach
Telefon 07 11 - 5 28 28 82
wewinkler@t-online.de
winkler-verlag.de

ISBN 3-00-008074-0
1. Auflage September 2001
2. ergänzte Auflage Januar 2004

Gesetzt aus der Palatino, Inhalt gedruckt auf
Epos natur, 100% chlorfrei gebleicht.
Druck: Druckerei Wagner GmbH, Fellbach
und Offsetdruck Fritz Fischer GmbH, Fellbach
Verarbeitung: Druckveredelung Rieker, Leinfelden
und Buchbinderei Waidner, Fellbach

Könnte es ein größeres
Wunder geben,
als wenn es uns
ermöglicht wäre,
einen Augenblick
mit den Augen
der andern zu sehen?

Henry David Thoreau, Walden

Vorwort des Autors zur 1. Auflage

Kaum ein Thema hat mich in den letzten Jahren so sehr beschäftigt, beeinflusst und zum Nachdenken gebracht wie die Psychographie. Im Rückblick erkenne ich, dass die Mühe nicht vergebens und die dafür notwendige Zeit nicht umsonst gewesen ist. Mein Umgang mit Menschen, meine Arbeit als Psychologischer Berater und meine Sicht der Welt ist reicher und verständnisvoller geworden. Außerdem habe ich eine Reihe von Freunden und Kollegen getroffen, denen die gleichen Fragen auf dem Herzen lagen und die sich mit mir auf die Suche nach Antworten gemacht haben.

Wenn ich bedenke, wie sich meine Kenntnisse in der Psychographie von Jahr zu Jahr erweitert haben, kann dieses Lehrbuch nur als 'Zwischenbericht' bezeichnet werden. Denn sicher wird sich das Modell auch in Zukunft weiterentwickeln, wird zusätzliche Anwendungsgebiete finden und neue Fragestellungen hervorbringen. Eine anregende Lektüre wünscht Ihnen

Werner Winkler,
Fellbach, im August 2001

Anmerkung zur 2. Auflage

Die zunehmende Verwendung der Psychographie und das Interesse an ihren theoretischen Grundlagen macht eine zweite Auflage dieses Lehrbuches notwendig. Sie ist, bis auf wenige Korrekturen, unverändert, jedoch durch zahlreiche Fußnoten und dazugehörige Kommentare (ab S. 206) erweitert.

Werner Winkler,
Fellbach, im Dezember 2003

Danksagungen

Für die Anregungen und Fragen, die zur Formulierung des hier vorgestellten Modells der Psychographie geführt haben, bin ich vielen Menschen zu Dank verpflichtet, besonders

Dietmar Friedmann und den Mitgliedern der Psychographie-Initiative; Klaus Fritz und den Mitarbeitern am 'Institut für fachwissenschaftliche Psychographie (IFP)', den Studienleitern und den Studierenden meiner Kurse an den Deutschen Paracelsus Schulen in Heilbronn, Saarbrücken, Stuttgart und Ulm; außerdem Ritva Abao, Beate Bischoff, Daniela Bühr, Susanne Freier, Holger Hägele, Günter Hiller, Susanne Huber, Ulrike Langkopf, Claudia Mend, Harald Nanz, Ursula Passow, Christa und Bernd Roller, Ursula Schuwerk, Monika Schwarz, Monika Vögele, Marlis Wagner, Jasmin und Arno Zimmermann.

Außerdem danke ich Angelika Carle für die Durchsicht des Manuskripts und ihre nützlichen Anregungen; Lucia Kuder für ihre Korrekturen an der 1. Auflage; Rolf Zimmermann, Stuttgart, für die Korrekturen am Text und seinen fachlichen Rat; Karin Rudolph für die engagierte und anhaltende Mitarbeit sowie ihre zahlreichen wertvollen Ideen zur Ausformulierung meiner Gedanken.

An dieser Stelle möchte ich auf die inzwischen erschienenen Bände der Reihe "Lösungsorientierte Menschenkenntnis" hinweisen. Darin ist die Theorie mit zahlreichen praktischen Beispielen aus vielerlei Anwendungsgebieten illustriert. Eine aktuelle Liste (z. Zt. sind sieben Bände lieferbar) finden Sie im Internet auf den Seiten des Verlages: www.winkler-verlag.de

Einleitung

Die Psychographie als 'Menschenkenntnis mit System' geht der Frage nach, warum einige Menschen sich (manchmal bis aufs Haar) gleichen und andererseits gegenüber Dritten vollkommen verschieden sind. In vielen alltäglichen Situationen, am Arbeitsplatz, in der Familie und im gesellschaftlichen Leben spielen solche Phänomene eine beachtliche Rolle. Auf dem Unterschied zwischen Menschen basiert mehr als nur Verstehen und Missverstehen. Es geht auch darum, dem anderen als Persönlichkeit gerecht zu werden.

Stellen Sie sich vor, Sie suchen in einer Internet-Immobilienbörse nach einer passenden Wohnung. Zu Ihrer Überraschung lesen Sie dort aber Texte wie folgenden:

"Sehr schöne Räumlichkeiten. Grüne Tapeten, weiße Fenster, Eingangstür aus hellem Holz, geeignet für verschiedene Ansprüche.

Kommen Sie einfach her und sehen Sie sich alles an. Telefon ..."

Sicher haben Sie sofort bemerkt, was in einer solchen Beschreibung fehlt: nämlich allgemein verständliche und zum Vergleich mit anderen Wohnungen geeignete Merkmale. Hätte der Verkäufer oder Vermieter noch dazu geschrieben *"Nebenstraße in Kleinstadt, vier Zimmer, 98 qm, Preis .."*, könnten sich die Interessenten auch ohne einen persönlichen Besuch durchaus vorstellen, wie diese Wohnung beschaffen ist.

Oder stellen Sie sich ein Schuhgeschäft vor, in dem die Schuhe keine Größen haben und nach dem Herkunftsland sortiert sind. Kaum jemand würde sich die Mühe machen, dort einzukaufen, wenn es Läden mit der gewohnten Sortierung gäbe.

Der Unterschied besteht also in einer sinnvollen und für den jeweiligen Zweck angemessenen Gruppenbildung (Schuhe der gleichen Größe, Wohnungen mit der gleichen Zimmerzahl). Selbstverständlich sagt die Anzahl der Zimmer nichts über den Bauherrn, und die Größe eines Schuhs lässt keinen Rückschluss auf die Arbeitsbedingungen in der Schuhfabrik zu. Aber für den jeweiligen Zweck sind solche Oberbegriffe sehr nützlich und zeitsparend. Verständlicherweise ist man jedoch vorsichtig, wenn versucht wird, *Menschen* mit Oberbegriffen zu belegen, sie gleichsam in 'Schubladen' zu stecken oder mit Etiketten zu versehen. Denn Menschen sind vielschichtig, veränderlich und in gewisser Weise einzigartig.

Wenn also im Folgenden von 'Typen', 'Persönlichkeitstypen' oder 'Typfamilien' die Rede ist, sollen solche Begriffe nicht die Einzigartigkeit und Besonderheit jedes Einzelnen ignorieren. Falls durch die *Namen* der Typen beim Leser der Eindruck entstehen sollte, die damit bezeichneten Menschen bestünden *ausschließlich* aus den typkennzeichnenden Merkmalen, ist dies nicht beabsichtigt.

Jeder von uns trägt das ganze menschliche Potential in sich. Kein Typ und keine Typfamilie hat einer anderen etwas voraus, das ihre Mitglieder wertvoller als andere machen würde. Die Psychographie unterscheidet Typen nach *Bevorzugungen*, nicht nach *Ausschließlichkeiten*. Jeder Typ hat also die Fähigkeiten aller Typen, jedoch in unterschiedlicher *Gewichtung*. Hier haben wir das entscheidende Kriterium zur Typunterscheidung der Psychographie.

Es ist mir wichtig, dies am Anfang zu betonen, da es (vielleicht wegen der Art mancher Typologien) häufig zu fundamentalen Missverständnissen kommt, die dann von der Beschäftigung mit allen Typologien abhalten; das wäre schade, denn die meisten, die sich bisher mit der Psychographie ausführlicher befasst haben, bestätigen den persönlichen Gewinn, den sie daraus ziehen.

Für Neueinsteiger ist es unter Umständen sinnvoll, nicht von vorne nach hinten zu lesen, sondern mit bestimmten Themenschwerpunkten anzufangen. Hierbei kann der folgende Leitfaden helfen:

Inhalt

V. Anhang -
Vertiefungen und Ergänzungen

I. Die kurze Geschichte der Psychographie

Vorläufer der modernen Psychographie

Die Psychographie seit 1990

Literatur zur Psychographie

Vorläufer der modernen Psychographie

SIGMUND FREUD (1856-1939) benutzte die Begriffe 'Ich', 'Es' und 'Über-Ich' – ein früher Hinweis auf unterschiedliche Anteile der menschlichen Persönlichkeit.

C. G. JUNG (1875-1961) veröffentlichte ein Werk mit dem Titel "Psychologische Typen". In den Sprachschatz eingegangen sind daraus die Begriffe 'introvertiert' und 'extravertiert'.

ALFRED ADLER (1870-1937) versuchte in seinem Buch "Menschenkenntnis" ebenfalls, verschiedene Charaktere zu unterscheiden. Adler bezog sich dabei meist auf typische Erkrankungen; eine systematische Typologie hat er nicht entworfen.

ERIC BERNE (1910-1970) entwickelte 1949-1960 seine 'Transaktionsanalyse'. Er schrieb: "... dass unser Fühlen, Denken und Verhalten von jeweils verschiedenen Anteilen in unserer Persönlichkeit bestimmt werden, die als Eltern-Ich, Erwachsenen-Ich oder Kind-Ich bezeichnet werden." Berühmt wurde die Transaktionsanalyse vor allem durch den Psychiater THOMAS HARRIS und dessen Buchtitel "Ich bin o.k., du bist o.k.". DIETMAR FRIEDMANN bezog sich 1990 in "Der Andere" ausdrücklich auf Berne.

Den Begriff 'Psychographie' in die Psychologie eingeführt hat GORDON W. ALLPORT (1897-1967), der Begründer der 'Personalen Psychologie'. Nach seiner Auffassung geht die Psychographie davon aus, "... dass das Individuum (..) durch Maßzahlen (Bewertungen) in einem Psychogramm deutlich gemacht werden kann." (nach DORSCH, PSYCHOLOGISCHES WÖRTERBUCH) Der Ansatz Allports hatte jedoch über die psychologischen Fachkreise hinaus keinen erkennbaren Einfluss, auch wenn sein Beitrag von anderen Fachautoren gewürdigt wird.

Die Psychographie seit 1990

DIETMAR FRIEDMANN benutzte den Begriff 'Psychographie' 1990 in seinem Buch "Der Andere" im Sinne von "Landkarte der Persönlichkeit". Er interpretierte Persönlichkeitsunterschiede als Reaktionen auf "drei eigengesetzliche Lebensbereiche". Diese hatte er schon 1976 (in seiner Dissertationsarbeit zum Dr. phil.) als Unterscheidung von "Emanzipation, Identität und Erkenntnis" angedacht. Aber erst in "Der Andere" folgerte er aus der Unterscheidung von Lebensbereichen ("Handeln, Erkennen, Sich-in-Beziehung-Setzen") auch die Möglichkeit einer Unterscheidung von Persönlichkeitstypen. Er wählte dafür die Bezeichnungen "Handlungstyp", "Sachtyp" und "Beziehungstyp"[1].

Von Friedmann folgten 1991 "Die Entdeckung der Persönlichkeit", 1993 "Lass dir nichts vormachen", 1996 (zusammen mit KLAUS FRITZ) "Wer bin ich? Wer bist du?" und 1997 (ebenfalls mit K. Fritz) "Wie ändere ich meinen Mann?". Im 1997 erschienenen Werk "Integrierte Kurztherapie" entwarf er eine typgerechte Kurztherapie. Diese "Integrierte Kurztherapie" wurde u. a. mit Studierenden an der Stuttgarter 'Paracelsus-Schule' ausformuliert (der Autor des vorliegenden Lehrbuchs war in dieser Zeit ein Schüler Friedmanns).

W. WINKLER veröffentlichte zunächst (Januar 1999) das Lehrheft "Kurze Einführung in die Psychographie", eine Zusammenfassung der Psychographie nach D. FRIEDMANN. Darin war bereits eine Modellerweiterung ('Ich-Wir-Du-Konzept') enthalten. Im Oktober 1999 stellte er in "Die Psychognomie des Menschen" ein eigenes psychographisches Modell vor, das im Wesentlichen dem von Friedmann folgte, jedoch eine differenzierte Unterscheidung in 81 Persönlichkeitsstrukturen (Psychognomien) ermöglichte. In Anlehnung an Friedmann unter-

Bevorzugungen
Vernachlässigungen
Entwicklungstendenzen

schied er darin die drei Grundbereiche (die zur Typunterscheidung herangezogen werden) in

'Tätigkeit'
mit den Unterbereichen 'Machen', 'Fühlen', 'Denken',

'Beziehung'
mit den Unterbereichen 'Du-Beziehung', 'Ich-Beziehung', 'Wir-Beziehung' und

'Zeit'
mit den Unterbereichen 'Vergangenheit', 'Zukunft', 'Gegenwart'.

WINKLER beobachtete und beschrieb die gleichen Prinzipien, die FRIEDMANN für die Grundtypen erkannt hatte (Bevorzugungen, Vernachlässigungen, Entwicklungstendenz etc.) auch für die Untertypen.

Anfang 1999 wurde in Stuttgart unter Beteiligung von FRIEDMANN und WINKLER die Vereinigung 'Psychographie-Initiative e. V.' gegründet. Ihr Ziel ist die Förderung der Psychographie in Forschung und Anwendung.

Seit 1999 findet auf Einladung der Psychographie-Initiative e.V. jährlich ein Fachkongress, der 'Psychographie-Tag', in Stuttgart statt. In Fachvorträgen stellten bisher u. a. RITVA ABAO, CHRISTA ROLLER, URSULA SCHUWERK, DIETMAR FRIEDMANN UND WERNER WINKLER den aktuellen Diskussions- und Erfahrungsstand der Psychographie vor.[2]

FRIEDMANN veröffentlichte zuletzt 2000 ''Die drei Persönlichkeitstypen und ihre Lebensstrategien''. Darin übernahm er das 'Ich-Wir-Du-Konzept' von WINKLER. Dies führte zu einer Erweiterung seines psychographischen Modells auf neun Typen, nachdem er zunächst vier, später sechs Typen unterschieden hatte. In dieser Neuner-Teilung sah FRIEDMANN eine offensichtliche Ähnlichkeit zu den Einteilungen und Typbeschreibungen der vorhandenen 'Enneagramm'-Literatur.

Die Modellunterschiede zwischen FRIEDMANN und WINKLER spielen in der praktischen Anwendung eine eher untergeordnete Rolle. Beide Autoren sind sich im Ziel einer typgerechten Vorgehensweise, z.B. in der psychologischen Beratung und Therapie, einig. Größere Bedeutung ergibt sich jedoch für den Sprachgebrauch unter den Psychographen. Während bei FRIEDMANN z.b. alle Beziehungstypen gleichzeitig auf 'Fühlen' spezialisiert sind, beobachtet WINKLER auch bei den Beziehungstypen eine Differenzierung in 'Fühler', 'Denker' und 'Macher'. Deutlich sind die unterschiedlichen Ansichten in Bezug auf die Sachtypen: nach FRIEDMANN bevorzugen sie den Lebensbereich 'Erkennen', nach WINKLER den Lebensbereich 'Zeit' (auch im Sinne von 'zeitliche Existenz' oder 'Dasein').

Für das Gespräch zwischen Psychographen ergibt sich daraus manchmal die Notwendigkeit einer Vorabklärung, auf welches Modell man sich jeweils bezieht*.

Keine Schwierigkeiten haben der Beobachtung nach diejenigen, die nur ein Modell kennen gelernt und daraus einen gemeinsamen Sprachgebrauch gebildet haben. Unabhängig von diesen Sprachunterschieden regen sich beide Betrachtungsweisen immer wieder gegenseitig an. So wird unter anderem die Gefahr einer Dogmatisierung vermindert und die Weiterentwicklung der Psychographie gefördert.[3]

---

* Seit dem ersten Erscheinen dieses Lehrbuchs haben sich D. FRIEDMANN und viele seiner Schüler in wesentlichen Punkten dem WINKLERschen Modell angenähert.

Literatur zur Psychographie

Bereits in der Transaktionsanalyse lassen sich psychographische Elemente entdecken. So schreibt E. BERNE in "Spiele der Erwachsenen": "Es haben also alle drei Persönlichkeitsaspekte einen hohen Lebens- und Überlebenswert; wenn allerdings der eine oder andere von ihnen das gesunde Gleichgewicht zwischen ihnen stört, dann ergibt sich die Notwendigkeit zu einer Analyse und zur Reorganisation."

In der noch kurzen Geschichte der Psychographie als prozessorientierte Menschenkenntnis erscheint das erste Buch von D. FRIEDMANN 1990 als 'Ehrenwirth Beratungsbuch' unter dem Titel: "Der Andere - Sich verstehen und wertschätzen - Band I: Die vier Charakterstrukturen - Menschenkenntnis und Persönlichkeitsdiagnostik auf transaktions- und psychoanalytischer Grundlage". Friedmann selbst kommentierte dazu 1997: "... noch etwas problemorientiert, doch auf dem Weg". Inhaltlich geht es vor allem darum, vier Persönlichkeitstypen (Sachtyp, Handlungstyp, Beziehungstyp 1 und - 2) vorzustellen. FRIEDMANN beschreibt seine Typenbilder aus psychologischer Sicht und anhand der typischen 'Spiele'. Dabei lehnt er sich noch stark an die Transaktionsanalyse von E. BERNE an.

1991 erscheint Band II unter dem Titel "Die Entdeckung der Persönlichkeit –Kompetenz und Lebensqualität– Die Entwicklung der Persönlichkeit und die Qualität von Beziehungen auf persönlichkeitsdiagnostischer Grundlage" im gleichen Verlag. FRIEDMANN führt hier den ersten Band weiter, indem er die Persönlichkeitstypen hinsichtlich ihrer Entwicklung beschreibt. Er unterscheidet zwischen "kranken und gesunden Persönlichkeiten". Kennzeichnend ist der starke Bezug auf die Lehren des Zen-Buddhismus; dagegen tritt die Transaktionsanalyse etwas in den Hintergrund. Auch sucht er nach Erklärungen für typspezifische Beziehungsmuster.

1993 folgt vom selben Autor "Laß dir nichts vormachen!: Rasch erkennen – kompetent auftreten durch praktische Menschenkenntnis in Beruf, Alltag und Partnerschaft" (Ehrenwirth, München). Darin werden die ersten beiden Bücher zusammengefasst und durch lesenswerte Märchenanalysen und erste Ideen für eine Kurz-Psychotherapie mit typgerechtem Ansatz ergänzt.

1996 schließlich schreiben D. FRIEDMANN und K. FRITZ gemeinsam "Wer bin ich, wer bist du? – Mehr Erfolg durch bessere Menschenkenntnis" (dtv, München). In diesem und im 1997 ebenfalls bei dtv als Taschenbuch erschienenen Werk "Wie ändere ich meinen Mann" fassen die Autoren ihr psychographisches Wissen in populärwissenschaftlicher Form zusammen. Die drei Grundtypen werden nun jeweils in den Typ 1 (ich-bezogen) und Typ 2 (ich-vergessend) unterschieden.

Zusätzlich veröffentlicht D. FRIEDMANN 1997 seine Eigenentwicklung einer "Integrierten Kurztherapie" bei Primus, Darmstadt. Hier führt er seine erweiterten Erkenntnisse zum Thema 'typgerechte Kurztherapie' aus, die er aus seiner Praxis und der Ausbildung von Psychologischen Beratern an den Deutschen Paracelsus Schulen gewonnen hat.[4]

Von K. FRITZ erscheint Ende 1998 bei dtv "Ein Sternenmantel voll Vertrauen". Als Lesebuch für Kinder und Erwachsene angelegt, wiederholt der Autor hier die aus früheren Veröffentlichungen bekannten Typbeschreibungen, angereichert mit alltagspsychologischen Ratschlägen.

W. WINKLER veröffentlicht 1999 zwei Aufsätze zum Thema Psychographie. Zuerst fasst er sie im Lehrheft "Kurze Einführung in die Psychographie nach Dietmar Friedmann" zusammen. Im selben Jahr folgt "Die Psychognomie des Menschen - Zur Entstehung und Charakteristik unterschiedlicher Persönlichkeitstypen". Während es im ersten Text um die prägnante Formulierung des FRIEDMANNschen Modells geht, handelt der zweite ausschließlich von der Erweiterung bzw. Verfeinerung desselben. Hauptanliegen von "Die Psychognomie des Menschen" ist die Klarlegung differenzierter Unterscheidungsmöglichkeiten der Grundtypen und ihrer Untertypen.

D. FRIEDMANN übernimmt daraus das 'Ich-Wir-Du-Konzept' und veröffentlicht es mit weiteren Differenzierungen im Jahr 2000 in "Die drei Persönlichkeitstypen und ihre Lebensstrategien" (Primus, Darmstadt). Teile dieses Buches sind präzisierte und aktualisierte Zusammenfassungen aus seinen ersten drei Büchern, die inzwischen vergriffen sind.

Zur Literatur, die für Psychographen unter Umständen interessant sein könnte, zählen nicht nur Bücher zum Thema 'Enneagramm', sondern auch manche Beschreibungen der 'homöopathischen Konstitutionstypen' (besonders die von WILLIBALD GAWLIK)*.

Das hier vorliegende, im September 2001 erschienene Lehrbuch enthält neben dem aktuellen psychographischen Modell von W. WINKLER erstmals einen Überblick über den Stand der Anwendung, die Geschichte der modernen Psychographie und eine umfangreiche Erläuterung psychographischer Fachbegriffe (ab S. 133).

---

* Zum Vergleich der homöopathischen mit den psychographischen Typen dient vielleicht folgende Gegenüberstellung der neun 'Leittypen' (vgl. S. 170): *Phosphor*/Wir-Beziehungstyp, *Pulsatilla*/Du-Beziehungstyp, *Arsenicum*/Ich-Beziehungstyp, *Calcium carbonicum*/Gegenwarts-Sachtyp, *Natrium muriaticum*/Vergangenheits-Sachtyp, *Sulfur*/Zukunfts-Sachtyp, *Sepia*/Denker-Handlungstyp, *Nux vomica*/Macher-Handlungstyp, *Lycopodium*/Fühler-Handlungstyp. Dabei sind in der homöopathischen wie auch in der Enneagramm-Literatur die Typenbilder je nach Autor recht different, so dass eine Gleichsetzung mit den psychographischen Typen nicht generell möglich ist.

II. Menschenkenntnis mit System - Die Unterschiede, die den Unterschied machen

Was ist ein Modell?

Die Typunterschiede als Ausdruck des verschiedenartigen Erlebens der Wirklichkeit

Die Lebensbereiche und die daraus ableitbaren Persönlichkeitstypen

Die 'Landkarte' der Psychographie

Sprachregelung für die typspezifischen Gewichtungen der Lebensbereiche

Metaphern für die Gewichtung der Lebensbereiche

Grundaussagen der Psychographie

Wie geschieht die Typzuordnung?

Typenbilder der drei Grundtypen

Interaktionsmuster zwischen unterschiedlichen Persönlichkeitstypen

Was ist ein Modell?

Die Psychographie versteht sich als ein Teil der Persönlichkeitspsychologie und damit als wissenschaftliche Disziplin. In den Wissenschaften werden dann Modelle benutzt, wenn der Gegenstand der Untersuchung nicht sichtbar oder darstellbar ist. Ein Modell ist wie eine Landkarte, nicht wie eine Landschaft. Es soll als möglichst treffendes, aber vereinfachtes Abbild der Wirklichkeit das Verstehen erleichtern. Dabei bleibt es aber immer eine Idee und als solche diskutierbar, veränderbar und ohne Anspruch auf Allgemeingültigkeit. Über die Verwendungshäufigkeit eines Modells entscheidet in der Regel die praktische Bedeutung im Vergleich mit anderen Modellen, die sich demselben Gegenstand widmen.

Zu zwei anderen Betrachtungsweisen steht das Modelldenken jedoch im Gegensatz: Einerseits zum 'Dogma', das den Anspruch erhebt, Unsichtbares trotz der Verwendung von Sprache richtig und verbindlich zu beschreiben. Andererseits zu den in sich schlüssigen und anhand praktischer Experimente beweisbaren 'Naturgesetzen'. Die Verwechslung dieser Betrachtungsweisen stellt eine Gefahr für alle Wissenschaften, besonders aber für die Psychologie dar. Auch die Psychographie wird von manchen Psychographen für *die* Wirklichkeit und nicht nur für ein Modell gehalten. Der Eindruck, dass die psychographischen Typen (unabhängig vom Betrachter) tatsächlich existieren, kann dadurch entstehen, dass sich viele Menschen übereinstimmend* darauf beziehen.

Im Gegensatz zu einem Dogma ist das Modelldenken jedoch entwicklungs- und fehlerfreundlicher, denn ein Modell kann man selbstverständlich verändern, kritisieren oder erweitern.

---

* "Wirklich *ist*, was eine genügend große Anzahl von Menschen wirklich zu *nennen* übereingekommen ist." (WATZLAWICK/WEAKLAND/FISCH: Lösungen S. 120)

Die Typunterschiede als Ausdruck des verschiedenartigen Erlebens der Wirklichkeit

Ohne uns dessen immer bewusst zu sein, verwenden wir im Alltag bereits eine Vielzahl von Unterscheidungen hinsichtlich der Menschen, mit denen wir leben. Wir unterscheiden zwischen Männern und Frauen, zwischen Kindern und Erwachsenen, zwischen Menschen unserer Muttersprache und Fremdsprachigen. Schuhverkäufer unterscheiden zusätzlich nach Fuß- bzw. Schuhgrößen, Ämter nach der Religionszugehörigkeit, Fußballfans nach dem bevorzugten Verein usw.

Nach welchen Kriterien aber können wir Menschen in Bezug auf ihre natürliche und vorgegebene Persönlichkeitsstruktur voneinander unterscheiden? Und wie kann man gleichzeitig sicherstellen, dass man dabei

1. dem Selbstverständnis des Einzelnen gerecht wird,

2. den wesentlichen Kern der Unterschiede trifft und

3. nicht mit der Unterscheidung gleichzeitig eine Wertung bestimmter menschlicher Qualitäten abgibt?

Frühere Modelle zur Unterscheidung (in Fachkreisen 'Typologien' genannt) haben sich an verschiedenen Kriterien versucht. Bekannt geblieben ist z. B. das Modell von HIPPOKRATES, der nach der Vorherrschaft eines Körpersaftes unterschied (Phlegmatiker, Choleriker etc.). Oder man kennt – vor allem in der Psychiatrie – die Unterscheidung nach den jeweiligen Krankheitsbildern, die man in Patienten zu beobachten glaubt (Phobiker, Depressive, Zwanghafte etc.). Auch Unterscheidungen nach der Körperform mit Rückschlüssen auf die Persönlichkeit sind beliebt, etwa von KRETSCHMER (leptosom, pyknisch, athletisch etc.). Seit Urzeiten hält sich eine Idee, die eine sehr einfache Zuordnung, nämlich aus den Geburtsdaten, verspricht - die Astrologie mit ihren 12 Typenbildern*. Was unterscheidet nun die Psychographie von anderen Typologien? Ihre Unterscheidungsmerkmale beziehen sich weder auf rein *objektive* Fakten (wie den Geburtsdaten oder den Untersuchungen eines Arztes) noch auf *subjektive* Einschätzungen der Person selbst. Vielmehr geht es um einen *konsensuellen* Akt, bei dem sich der Einzelne anhand der im Modell vorgesehenen Möglichkeiten zuordnet bzw. zuordnen lässt.

Bei der psychographischen Typbestimmung werden Eigenheiten wie biografische Daten oder individuelle Erfahrungen nicht als Kriterien verwendet. Auch Körperform, Kopfform, Körpergröße, Haarfarbe etc. spielen keine Rolle. Entscheidend ist dagegen, welche der im Nachfolgenden beschriebenen Lebensbereiche der Einzelne bevorzugt bzw. vernachlässigt. FRIEDMANN hat diese Theorie (von Lebensbereichen und deren Gewichtung) sowie die daraus ableitbaren psychischen Prozesse zum ersten Mal 1990 beschrieben. Sie wurde von WINKLER 1999 zum hier vorgestellten Modell ausgebaut.

Außergewöhnlich und innovativ an der psychographischen Menschenkenntnis ist dabei, dass sie nicht auf statische, gleichbleibende Strukturen achtet, sondern von einer dynamischen Persönlichkeit ausgeht. Diese Prozesshaftigkeit lenkt den Blick auf individuelle Lösungsansätze statt auf typische Beschwerden oder Krankheiten. Damit steht die Psychographie in der Tradition der 'Lösungsorientierten Psychologie' (P. Watzlawick / S. de Shazer), die seit den 1970er-Jahren praktiziert wird.

Bevor wir uns den praktischen Anwendungsmöglichkeiten zuwenden, zunächst die Grundlagen des Modells:

---

* Könnte sich der Einzelne zu einem der 12 Typenbilder (unabhängig von seinem Geburtsdatum) zuordnen, wäre das in ihnen gesammelte Wissen vielleicht leichter zugänglich.

Die Lebensbereiche und die daraus ableitbaren Persönlichkeitstypen

Das Modell von WINKLER geht (in Anlehnung an FRIEDMANN) davon aus, dass sich das Erleben des Menschen symmetrisch in folgende Lebensbereiche gliedern lässt:

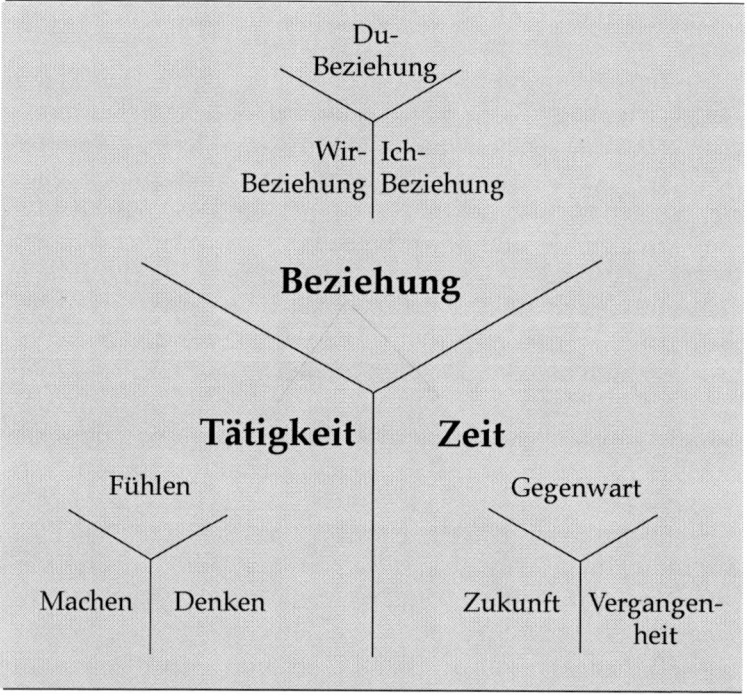

Jeder Mensch erlebt und nutzt alle diese Bereiche oder Möglichkeiten, jedoch unterschiedlich stark. Aus dieser Gewichtung ergeben sich beobachtbare Bevorzugungen und Vernachlässigungen. Daraus leiten sich die unterschiedlichen psychographischen Persönlichkeitstypen ab.

Beispiel: Gewichtung von Frau B. im Tätigkeitsbereich:

	(unbewusster) Umgang mit diesem Bereich	*Funktionen, die sich daraus ableiten lassen*
Denken	Bevorzugung	Stärke, Auffälligkeit, Übertreibung
Machen	Vernachlässigung	Ressource, Schwachstelle, Anziehung
Fühlen	Ergebnis (passiv, schwer zu steuern)	Kontrolleur, Prüfer, Signal, Warner

Frau B. erlebt ihre Welt vor allem über das *Verarbeiten* (d. h. Bedenken) der eingehenden Reize. Dies ist ihre Bevorzugung und darum ihre Stärke, die sie öfters auch übertrieben nutzt.

Dafür vernachlässigt sie (eher unbewusst) die Möglichkeiten des 'Machens'. Dieser Bereich wird somit zu ihrer Ressource, d. h. wenn ihr 'Denken' nicht mehr weiterhilft, kann sie auf ihn zurückgreifen. Was zuerst nur als Schwachstelle erscheint, ist gleichzeitig eine wichtige Hilfsquelle. Weil sie durch 'Machen' häufig Lösungen hervorbringt, ist dieser Bereich für sie besonders reizvoll und anziehend.

Für Frau B. scheint 'Fühlen' in erster Linie etwas zu sein, dem sie ausgeliefert ist und das sie schwer steuern kann. Entsprechend leidet sie, wenn es ihr schlecht geht oder sie überschwänglichen Gefühlen ausgeliefert ist. Aus psychographischer Sicht ist ihr Gefühl der Kontrolleur für die Nutzung der Ressource 'Machen'. Ein schlechtes Gefühl kann sie warnen, ein gutes bestätigen. Wenn sie darauf achtet, kann sie den Bereich 'Fühlen' aktiv als 'Prüfinstrument' einsetzen.

Wir unterscheiden also zwischen Bezeichnungen für den (zumeist unbewussten) *Umgang* mit einzelnen Lebensbereichen und den *Funktionen*, die sich daraus ableiten lassen.

Die Typbenennungen leitet sich aus der *Bevorzugung* eines Lebensbereiches ab. Sie lauten wie folgt:

Bei Bevorzugung des Grundbereichs ...

... Tätigkeit	= Handlungstyp*
... Beziehung	= Beziehungstyp*
... Zeit	= Sachtyp*

Teilweise überlagert oder verstärkt wird die Bevorzugung auf der Grundebene durch die Gewichtung in den drei Unterebenen. Entsprechend den Bevorzugungen darin lauten die Bezeichnungen[6]:

im Grundbereich Tätigkeit wird bevorzugt ...

... das Machen	= Macher
... das Fühlen	= Fühler[7]
... das Denken	= Denker

im Grundbereich Beziehung wird bevorzugt ...

... die Du-Beziehung	= Du-bezogen
... die Ich-Beziehung	= Ich-bezogen
... die Wir-Beziehung	= Wir-bezogen

im Grundbereich Zeit wird bevorzugt ...

... die Vergangenheit	= vergangenheitsorientiert
... die Zukunft	= zukunftsorientiert
... die Gegenwart	= gegenwartsorientiert

---

* Diese Benennungen stammen von Dietmar Friedmann; sie wurden hier trotz der sprachlichen Abweichung von den Bereichsbezeichnungen übernommen, da sie sich unter den Psychographen so eingebürgert haben.

So lässt sich jedes Individuum mit vier Variablen beschreiben: anhand der Bevorzugung eines Grundbereichs und eines von je drei Unterbereichen. Mit zwei weiteren Beispielen soll dies verdeutlicht werden:

Herr H. bevorzugt den Grundbereich 'Tätigkeit', er gehört also zu den Handlungstypen. Im Bereich 'Tätigkeit' bevorzugt er den Unterbereich 'Denken', man könnte ihn also als 'Denker-Handlungstyp' bezeichnen. Im Bereich 'Beziehung' bevorzugt er den Unterbereich 'Du' und im Bereich 'Zeit' die 'Zukunft'. Als Tabelle dargestellt:

Tabelle 1: Bevorzugungen von Herrn H.		Bezeichnung:
Bevorzugter Grundbereich:	Tätigkeit	Handlungstyp
Bevorzugte Tätigkeit:	Denken	Denker
Bevorzugte Beziehungs-Art:	Du-Bez.	du-bezogen
Bevorzugter Zeitraum:	Zukunft	zukunftsorientiert

Frau S. bevorzugt den Grundbereich 'Zeit', sie gehört damit zu den Sachtypen. Im Bereich 'Zeit' bevorzugt sie die 'Zukunft', man könnte sie also als 'Zukunfts-Sachtyp' bezeichnen. Im Bereich 'Tätigkeit' bevorzugt sie das 'Fühlen' und im Bereich 'Beziehung' die 'Ich-Beziehung'. Als Tabelle dargestellt:

Tabelle 2: Bevorzugungen von Frau S.		Bezeichnung:
Bevorzugter Grundbereich:	Zeit	Sachtyp
Bevorzugter Zeitraum:	Zukunft	zukunftsorientiert
Bevorzugte Tätigkeit:	Fühlen	Fühler
Bevorzugte Beziehungs-Art:	Ich-Bez.	ich-bezogen

Neben dem individuellen Bevorzugungs-Muster geht das Modell auch von einem analogen Vernachlässigungs-Muster aus. Diesem könnte die "Minderwertigkeit" entsprechen, die schon ALFRED ADLER für bedeutungsvoll erkannte. Er sah eine Dynamik im menschlichen Entwicklungsprozess, die das Ziel hat, "Minderwertigkeiten" auszugleichen. Insofern bildet das Gefälle zwischen den stark ausgeprägten Bereichen (den Bevorzugungen) und den vernachlässigten Bereichen (den Ressourcen) den Antrieb der Persönlichkeitsentwicklung. Anhand der zwei obigen Beispiele soll dieser Zusammenhang erläutert werden:

Tabelle 3: Bevorzugungen und Vernachlässigungen von Herrn H.

Bevorzugungen (Stärken):	Vernachlässigungen (Ressourcen):
Tätigkeit	Beziehung
Denken	Machen
Du-Beziehung	Ich-Beziehung
Zukunft	Gegenwart

Die Vernachlässigungen von Herrn H. sind also die Kehrseiten seiner Bevorzugungen. Auf den ersten Blick scheinen diese nur Schwächen oder Defizite darzustellen. FRIEDMANN erkannte aber gerade darin eine besondere Qualität, die er "Entwicklungsbereich" nannte. In ihrer Funktion werden diese als 'Ressourcen' bezeichnet, da sie bei Bedarf aktiviert werden können.

Tabelle 4: Bevorzugungen und Vernachlässigungen von Frau S.

Bevorzugungen (Stärken):	Vernachlässigungen (Ressourcen):
Zeit	Tätigkeit
Zukunft	Gegenwart
Fühlen	Denken
Ich-Beziehung	Wir-Beziehung

Nun werden wir das individuelle Muster von Herrn H. und von Frau S. vervollständigen. Den übrig gebliebenen *dritten Bereich* nach der Bevorzugung und der Vernachlässigung nennen wir hier 'Ergebnisbereich', denn er hat die Funktion eines 'Kontrolleurs'. Das heißt, dass anhand der Qualität dieses dritten Bereiches erkennbar ist, ob die Ressource genutzt oder übergangen wurde.

Am Beispiel von Herrn H. könnte dies bedeuten, wie er sein Leben in zeitlicher Hinsicht erlebt. Hat er seine Ressource 'Beziehung' (besonders die 'Ich-Beziehung') genutzt, wird er sein zeitliches Dasein wertschätzen. Pendelt er dagegen nur zwischen 'Tätigkeit' (speziell dem 'Denken') und der 'Zeit' (speziell der 'Zukunft'), wird er beides höchstwahrscheinlich als unattraktiv und stressbeladen erleben. Anhand der Tabelle, die sein psychographisches Persönlichkeitsprofil darstellt, wird dies noch deutlicher:

Tabelle 5: Psychographisches Persönlichkeitsprofil von Herrn H.:

Bevorzugungen: (Stärken)	Vernachlässigungen: (Ressourcen)	Ergebnisbereiche: (Kontrolleure)
Tätigkeit	Beziehung	Zeiterleben
Denken	Machen	Fühlen
Du-Beziehung	Ich-Beziehung	Wir-Beziehung
Zukunft	Gegenwart	Vergangenheit

Zunächst stellt diese Tabelle nur eine Ansammlung von Worten dar - in einen Satz gefasst ergibt sich daraus jedoch ein 'Rezept' oder 'Schlüsselsatz' für Herrn H.: "Denke nicht nur an die Zukunft des anderen, sondern *mache jetzt* etwas für *die Beziehung* zu *dir selbst*".

Die Erfahrung zeigt, dass solche (auf Basis des Persönlichkeitsprofils formulierten) Sätze häufig als sehr nützlich erlebt werden. Oft genügt schon die Erinnerung an ein einzelnes Wort daraus, um in konkreten Situationen weiterzukommen.

Tabelle 6: Psychographisches Persönlichkeitsprofil von Frau S.:

Bevorzugungen: (Stärken)	Vernachlässigungen: (Ressourcen)	Ergebnisbereich: (Kontrolleure)
Zeit	Tätigkeit	Beziehung
Fühlen	Denken	Machen
Ich-Beziehung	Wir-Beziehung	Du-Beziehung
Zukunft	Gegenwart	Vergangenheit

Der Schlüsselsatz aus den Ressourcen für Frau S. könnte lauten: "Statt gefühlsmäßig in der eigenen Zukunft zu sein, öfters *aktiv* an den *aktuellen Wir-Bezug* (Familie, Firma etc.) *denken.*"

Wenn sich Frau S. nur in zwei Bereichen erlebt, etwa als in der Zukunft existenter Mensch, der auf eine bessere Beziehungsqualität hofft, sinkt ihre Lebensqualität. Durch aktive Nutzung der Ressourcen gewinnt sie nun den Tätigkeitsbereich hinzu. Sie leidet dann nicht mehr passiv und gefühlsmäßig an der Zukunft; stattdessen kann sie aktiv an die Gegenwart und an bereits bestehende 'Wir-Beziehungen' denken. Vielleicht führt dies dazu, dass sie sich an eine 'Du-Beziehung' erinnert, mit der sie in der Vergangenheit etwas gemacht hat. Vor allem aber erlebt sie sich dadurch als *tätigen* Menschen und nicht mehr als Opfer der Umstände, denen sie scheinbar machtlos ausgeliefert ist.

Auf welchem Prinzip baut nun die beschriebene Reihenfolge der Begriffe auf? Wieso folgt etwa auf die Bevorzugung 'Denken' die Vernachlässigung 'Machen'? Diese Prozessabläufe bzw. Prozesskreise (siehe nächste Seite) wurden von FRIEDMANN und WINKLER anhand der Beobachtung von gelingenden Lösungen aufgezeichnet. Sie haben sich in der Anwendung, besonders in der Beratungspraxis, als sehr geeignet erwiesen.

Die 'Landkarte' der Psychographie

Diese vier Prozesskreise zeigen:
1. die Abfolge von Bevorzugungen (Stärken), Vernachlässigungen (Ressourcen) und Ergebnisbereichen (Kontrolleuren),
2. die Lösungsprozesse auf den vier wesentlichen Ebenen,
3. die 12 Lebensbereiche zur Typunterscheidung.

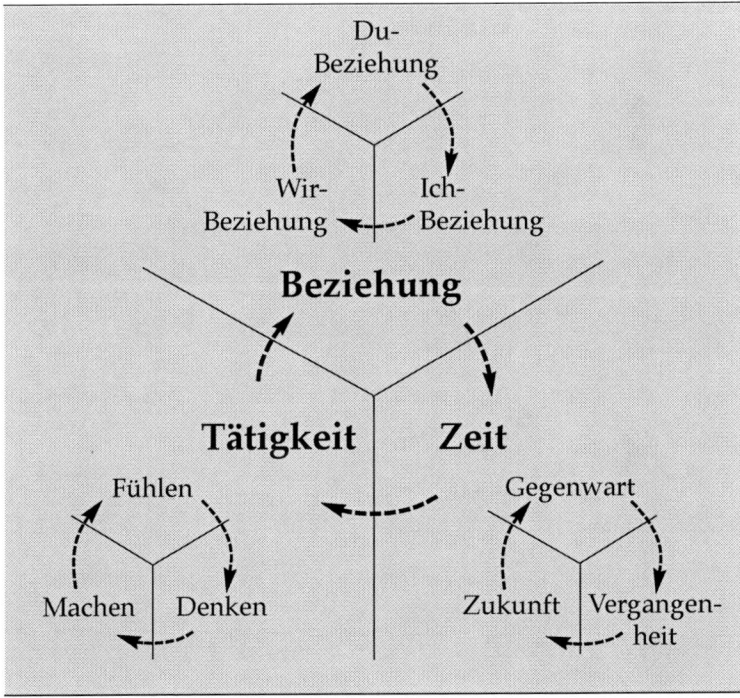

Auf den nächsten Seiten folgen die dazugehörige Sprachregelung, Metaphern für die Gewichtung der Lebensbereiche und einige Grundaussagen der Psychographie. Sie alle beziehen sich auf diese 'Landkarte'.

Sprachregelung für die typspezifischen Gewichtungen der Lebensbereiche:

Die unterschiedlichen *Gewichtungen* (Bevorzugungen, Vernachlässigungen) von Lebensbereichen korrespondieren demnach mit den typischen Persönlichkeitsstrukturen. Ihnen entsprechen die jeweiligen Lösungsprozesse. Die folgende Tabelle verdeutlicht den Sachverhalt (am Beispiel der 'Denker'):

Bsp.: Denker	*Denken*	*Machen*	*Fühlen*
Fachsprachliche Benennung	**Primärbereich**	**Sekundärbereich**	**Tertiärbereich**
Bezeichnungen von D. FRIEDMANN	Persönlichkeitsb.	Entwicklungsb.	Zielbereich
Natürlicher Umgang mit diesem Bereich (die Gewichtung ist meist nicht bewusst):	- Bevorzugung - Schwerpunkt - kennzeichnend für die Persönlichkeit - Ausgangspunkt für Lösungsversuche	- Vernachlässigung - seltene, zögernde Wahrnehmung als Möglichkeit - Reiz/Anziehung - Hemmung/Tabu - vergessener Bereich der Ebene	- automatische Wahrnehmung und Beachtung - passives Ausgeliefertsein (pos./neg.) - scheinbar wenig Einfluss
Mögliche Funktionen dieses Bereichs bei bewusster Wahrnehmung:	- besondere Stärke - sichere Basis - ausgeprägte Fähigkeiten - Grundlage	- Ressource - Reserve - Ausgleich bei Überbetonung d. Primärbereichs	- Kontrolleur - Signalgeber - Warner, Melder - Prüfinstanz - Ergebnis

Diese Zusammenhänge lassen sich auch anhand von Metaphern darstellen:

Metaphern für die Gewichtung der Lebensbereiche

Feld-Metapher

In diesem Bild aus der Landwirtschaft lässt sich die Persönlichkeit mit einem Agrarbetrieb vergleichen. Die unterschiedlichen Lebensbereiche sind die Felder, die ein Bauer bewirtschaftet. Beziehungstypen würden sich dann bevorzugt um 'Beziehungsfelder' kümmern, Sachtypen um 'Zeitfelder' und Handlungstypen um 'Tätigkeitsfelder'. Das Bild lässt sich auch in der Hinsicht deuten, dass Handlungstypen für praktische Arbeiten verantwortlich zeichnen, Beziehungstypen für Einkauf, Verkauf und Personal zuständig sind und Sachtypen die Entscheidung für Zeitabläufe und Finanzen übertragen bekommen.

Lagerfeuer-Metapher

Bei einem solchen Feuer müssen drei Faktoren zusammenspielen: der Sauerstoff, das Holz und die Flamme. Daran lässt sich der Zusammenhang zwischen Bevorzugung, Vernachlässigung und Ergebnisbereich deutlich machen: Der Sauerstoff, von dem in der Regel ausreichend vorhanden ist, entspricht den Stärken jedes Typs. Das Holz steht für die Ressourcen, bei denen es darauf ankommt, wie viel und von welcher Qualität sie zur Verfügung stehen. Die Flamme zeigt die Funktion des Kontrolleurs, denn an ihr lässt sich das Ergebnis ablesen.

Fluss-Metapher

Hier steht die Bevorzugung für eine Quelle, der Ergebnisbereich für die Mündung des Flusses ins Meer. Die Länge des Flusses entspricht dem Nutzungsgrad der Ressourcen – je länger der Fluss, desto mehr Wasser kann er einsammeln und desto breiter wird die Mündung sein. Ein extremes Bild wäre dann die Quelle, die direkt ins Meer fließt; also ein Mensch, der seine Ressourcen vollständig vernachlässigt.

Grundaussagen der Psychographie

1. Individuen lassen sich anhand der Gewichtung bestimmter Lebensbereiche unterscheiden.

2. Auf vier Ebenen werden je drei Lebensbereiche beachtet:

Grundebene mit drei Grundbereichen:	drei Unterebenen mit jeweils drei Unterbereichen:
Tätigkeit	Machen, Fühlen, Denken
Beziehung	Du-Beziehung, Ich-Beziehung, Wir-Beziehung
Zeit	Vergangenheit, Zukunft, Gegenwart

3. Auf jeder der vier Ebenen beobachten wir einen bevorzugten, einen vernachlässigten und einen Ergebnisbereich.

4. Bevorzugte und vernachlässigte Bereiche stehen in einer dynamischen Verbindung: Auf den bevorzugten folgt der vernachlässigte Bereich, darauf der Ergebnisbereich.

Tätigkeit	–>	Beziehung	–>	Zeit	–>	Tätigkeit
Machen	–>	Fühlen	–>	Denken	–>	Machen
Du-Beziehung	–>	Ich-Beziehung	–>	Wir-Beziehung	–>	Du-Beziehung
Vergangenheit	–>	Zukunft	–>	Gegenwart	–>	Vergangenheit

5. Daraus ergeben sich 81 mögliche Kombinationen für die Gewichtung (und somit 81 Persönlichkeitstypen).

6. Die Typbenennungen erfolgen nach der Bevorzugung. Die Grundtypen werden bezeichnet als *Handlungstyp* (Tätigkeit), *Beziehungstyp* (Beziehung) und *Sachtyp/Zeittyp* (Zeit).

7. Die Psychographie ist ein Modell der Wirklichkeit. Sie erhebt keinen Anspruch auf allgemeine Gültigkeit im Sinne eines Naturgesetzes oder eines Dogmas[8].

Wie geschieht die Typzuordnung?

Die Typzuordnung* gelingt erfahrungsgemäß unter Berücksichtigung folgender Regeln[9]:

1. Sie ist ein **konsensueller Vorgang** - eine rein objektive, nur auf sichtbare oder messbare Merkmale aufbauende Typzuordnung ist (bisher) nicht möglich. Daher ist es schwierig, den eigenen Typ ohne Gegenüber sicher zu erkennen. Im Gespräch mit anderen gelingt dies leichter.

2. Neben der rein theoretischen Beschreibungsebene für die Typen ("Bevorzugung von Bereich X...") existieren umfangreiche **Typenbilder** (im Text folgend**). Anhand der beobachtbaren **Typmerkmale** können so die individuellen Merkmale mit den typischen verglichen werden.

3. Mit entscheidend für die jeweilige Zuordnung sowohl bezüglich des Grundtyps als auch des Untertyps sind die praktischen Erfahrungen des Einzelnen mit den **typspezifischen Anregungen,** (z.B. typische Lösungsansätze), die in der Literatur gegeben werden. Funktionieren diese, ist die eigene Typzuordnung vermutlich zutreffend.

4. Die Zuordnungen sollten stets **vorläufig** getroffen werden, um sie im täglichen Leben überprüfen zu können.

---

* Der Begriff 'Typ' wird häufig missverstanden. In DORSCH' PSYCHOLOGISCHEM WÖRTERBUCH heißt es: *"Im Gegensatz zu 'Klasse', 'Gattung' und 'Art' ist für 'Typus' charakteristisch, daß die ihn determinierenden Merkmale mehr oder weniger stark vorhanden sein oder sogar gänzlich fehlen können, ohne daß eine Einteilung von Individuen in Typen verhindert werden muß."* Dies entspricht weitgehend dem Typverständnis der Psychographie.

** Diese Typenbilder fassen die bisher gesammelten Beobachtungen verschiedener Psychographen zusammen und können sich noch verändern.

Typenbilder der drei Grundtypen: Handlungstyp

Von der theoretischen Seite des psychographischen Modells gesehen wird der Handlungstyp dadurch gekennzeichnet, dass er den Lebensbereich 'Tätigkeit' bevorzugt und dafür den Lebensbereich 'Beziehung' vernachlässigt. Dieser 'Beziehungsbereich' bildet somit seine 'Ressource', d.h. Lösungsansätze werden häufig in diesem Bereich zu finden sein. Umgekehrt lässt sich also schlussfolgern, dass Handlungstypen im Beziehungsbereich auch die meisten Schwierigkeiten haben.

Aus der bisher gesammelten Beobachtung von Handlungstypen ergibt sich folgendes Typenbild[10]:

Weil der bevorzugte Lebensbereich der Handlungstypen das Tätigsein ist, sind sie praktisch veranlagte, kraftvolle Menschen, die deutlich zeigen, was sie können. Ihre Fähigkeiten werden deshalb von Kollegen, Kunden und Vorgesetzten besonders geschätzt; ihre Zuverlässigkeit macht sie für Führungsaufgaben hervorragend geeignet. Auch im privaten Bereich machen sie Tatkraft und Berechenbarkeit zu wertvollen Freunden. Dabei ist es nicht einfach, Handlungstypen als nahe Freunde zu gewinnen, denn Beziehungsdinge handhaben sie eher zurückhaltend. Für einen kollegialen Austausch über berufliche Angelegenheiten sind sie jedoch in der Regel aufgeschlossen.

Handlungstypen können streitlustig bis kampfbereit auftreten, vor allem, wenn es darum geht, einmal gesetzte Ziele zu erreichen. Dies führt häufig zu perfektionistischen bis zwanghaften Tendenzen. Sie sind regelmäßig bereit, Beziehungsaspekte (auch die Beziehung zum eigenen Körper und dessen Belastungsgrenzen) für ihre Karriere oder den Erfolg einer Bestrebung zurückzustellen. Für Handlungstypen ist ihre Arbeit (auch die Haushalts-, Garten- oder Erziehungsarbeit), ihr Schaffen und Können meist der Mittelpunkt ihres Lebens.

Handlungstypen sind durch die Tendenz zur Nein-Haltung [11] gekennzeichnet. Diese kann sich bis zu einer grundlegend negativen Weltsicht verfestigen, die ihnen jegliche Lebensfreude raubt. Verstärkend dafür kann auch das reflexartige Streben nach 'immer mehr' sein. Handlungstypen verpassen somit leicht den 'Genug-Punkt', der meist deutlich unterhalb ihrer Perfektionsbestrebungen liegt. Am Ende dieser Entwicklung steht nicht selten ein Zusammenbruch oder ein Herzinfarkt. Bei nicht erreichter Perfektion fühlen sich Handlungstypen verantwortlich bzw. schuldig, was den bereits aufgebauten Druck weiter verstärkt. Dies zeigt sich etwa in wiederholten Rechtfertigungen, auch vorbeugender Art ("Entschuldigen Sie bitte, dass ich nicht mehr Zeit für Sie einplanen konnte ...").

Im Umgang mit Macht sind Handlungstypen fair, gerecht und diplomatisch (solange es nach ihren Regeln läuft). Auch in der Elternrolle, die ihnen wie auf den Leib geschrieben ist, gehen sie voll auf ('Übermutter'/Patriarch). Dies bedeutet für sie aber eher das 'Tätigsein' zum Wohle der Familie als den Ausbau von persönlichen, auf gegenseitigem Wunsch nach Nähe basierenden Beziehungen. Für Handlungstypen ist Partnerschaft manchmal eher eine 'Arbeit' oder ein 'Arrangement' und weniger eine Beziehungsangelegenheit. Das könnte ein Grund für die zeitlich relativ stabilen Verbindungen sein, die bei ihnen zu beobachten sind. Auch wenn die Beziehungsebene nicht sehr beglückend erlebt wird, funktioniert doch die praktische Seite des Zusammenlebens, also existiert kein Anlass für eine Änderung. Weniger Beziehung wirkt paradoxerweise stabilitätsfördernd. Deshalb erproben Handlungstypen ihre Beziehungsfähigkeit statt mit dem Partner auffallend oft lieber mit ihren Kindern, Enkeln, engen Freunden, Haustieren, Pflanzen oder bei der Beschäftigung mit einem Steckenpferd.

Die Kombination von Handlungstyp-Persönlichkeit und übertriebenem Machtstreben kann ganze Gruppen in ein Korsett aus Regeln, Ordnungswut und Betriebsamkeit zwängen. Dabei schützen sich Handlungstypen vor zu nahen Beziehungen durch abstandwahrendes, aber korrektes Verhalten. Dies ist nicht nur in Familien, sondern oft auch in Firmen, Organisationen oder staatlichen bzw. kirchlichen Institutionen zu beobachten.

Auffallend bei Handlungstypen ist die gezielte Auswahl von Kleidung oder Schuhen, bei der qualitativ hochwertige Markenware bevorzugt wird. Genauso typisch ist die Eigenart, den Küchenbereich und das Bad besonders sauber zu halten - oft wird sofort nach (oder bereits während) dem Kochen damit begonnen, die benutzten Utensilien sauber zu machen und wieder ordentlich an ihren Platz zu räumen. Schreibtische und Gärten von Handlungstypen bestechen gewöhnlich durch vorbildliches, ordentliches Aussehen (besonders bei Rentnern).

Ebenfalls kennzeichnend für Handlungstypen ist das Bedürfnis nach ungestörtem Schlaf. Auf Unterbrechungen der nächtlichen Ruhe (z.B. durch Lärm) reagieren sie besonders ärgerlich. Handlungstypen schlafen gerne vor dem Fernseher bzw. auf dem Beifahrersitz ein oder profitieren von einem kurzen Nickerchen in Pausen. Der Gang zum Arzt wird von Handlungstypen nach Möglichkeit vermieden. Krankheiten werden als Zumutung erlebt; erst wenn es 'nicht mehr anders geht' (wenn die Beschwerden die Leistungsfähigkeit reduzieren), suchen sie fachliche Hilfe. Mediziner sollten also dramatische Äußerungen von Handlungstypen über ihr Befinden besonders ernst nehmen und rasch reagieren.

Zu den typischen Erkennungszeichen von Handlungstypen gehören noch hohe Verantwortungsbereitschaft, ausgeprägtes Pflichtbewusstsein, Trinkfestigkeit und Mangel an Fantasie[12].

typische Handlungstyp-Merkmale in Stichworten:

- stärkste Seite: aktive Tätigkeiten, berufliches Engagement
- schwächste Seite: Beziehungsfähigkeit im privaten Bereich
- vorherrschende Grundhaltung eher 'Nein'
- ihre Arbeit ist ihr Lebensmittelpunkt
- praktisch veranlagt, ihr Können wird geschätzt
- pflicht- und verantwortungsbewusst, ergebnisorientiert
  und zielgerichtet, Leitmotiv: 'viel hilft viel'
- reizbar, kämpferisch und streitlustig
- im Amt diplomatisch, Macht wird fair gehandhabt
- privat harmonie- und ruhebedürftig, berechenbar
- brauchen unbedingt genügend Schlaf zur Regeneration
- spüren Warnzeichen für Überlastung häufig zu spät
- hohe Erwartung an Perfektion und Ordnung
- zeigen öffentlich selten Schwächen
- empfinden Krankheiten oder Schmerzen als Zumutung
- Gang zum Arzt wird vermieden bzw. hinausgezögert
- typische Beschwerden: Herzinfarkt, Schlafstörungen,
  Zusammenbrüche, Kontrollzwänge, Verbitterung
- starker Gerechtigkeitssinn, aktiver Einsatz gegen Unrecht
- wenig Fantasie und Bereitschaft, Neues auszuprobieren
- rechtfertigen sich besonders häufig
- beachten Zahlen stärker als andere (z.B. Geburtstage)
- verschulden sich bereitwillig, wenn Gegenwerte da sind
- gute Beziehung zu 'ihren' Tieren (Hunden, Katzen, Pferden)
- ordentlicher Garten, sauberes Bad, aufgeräumte Küche
- hochwertige Kleidung und Schuhe werden bevorzugt
- trinkfest, unter Alkohol lustig und gelöst
- lassen sich nur schwer auf psychologische Themen ein

Anmerkung: Die Typmerkmale stellen eine Tendenz dar. Sie sollten nicht nur durch Selbstüberprüfung, sondern auch im Urteil von nahe stehenden Personen gewertet werden. Das Gesamtbild im Vergleich mit den anderen Typenbildern ist ausschlaggebend.

Typenbilder der drei Grundtypen: Beziehungstyp

Was für Handlungstypen eine schwierige Angelegenheit ist, fällt Beziehungstypen eher leicht: private, persönliche Beziehungen knüpfen. Dafür haben sie es mit dem Lebensbereich 'Zeit' schwer.

Zum Bereich 'Zeit' gehören auch Themen wie 'Existenz', 'Dasein' oder Geld. In diesen Dingen sind Beziehungstypen weniger daheim, sie müssen sich darin erst anhand von Lebenserfahrungen einrichten. Wenn man Beziehungstypen fragt, wie es ihnen geht, sagen sie oft "ich habe keine Probleme"; wenn sie leiden, dann an Zusammenhängen bzw. an der Gesamtsituation, nicht an einem speziellen Problem / Thema (vgl. S. 65ff.).

Für Beziehungstypen ist es völlig normal, sich für alles Mögliche zu interessieren. Pro Jahr ein bis zwei neue Interessensgebiete sind nichts Ungewöhnliches für sie[13]. Dabei genügt ihnen meist eine oberflächliche Information; für die genauen Einzelheiten sind sie nur zu begeistern, wenn sie zum Thema irgendwie in besondere Beziehung kommen. Erst dann wird aus der eher kindlichen Neugier ein ernsthaftes Interesse, für das sie auch bereit sind, ihre Zeit und ihr Geld zu opfern. Oft hängt das Interesse von Beziehungstypen damit zusammen, dass eine zwischenmenschliche Komponente im Spiel ist.

Überhaupt lieben sie es bunt und vielfältig. Sie sprühen manchmal nur so vor Ideen, sie sind innovativ und fantasievoll, nur fehlt ihnen meist die Geduld, begonnene Projekte zu pflegen, um dann deren Früchte zu ernten. Gut für Beziehungstypen ist es, wenn in ihrem 'Team' genug Sachtypen dabei sind, die sich um Details, Konstanz und Finanzen kümmern. Vermutlich werden es aber Handlungstypen sein, die für den Erfolg verantwortlich zeichnen, denn in deren Händen werden Projekte offensiv in die Tat umgesetzt.

Beziehungstypen zeigen, besonders in Beziehungsdingen, schauspielerische Begabung. Sie können in den jeweiligen Rollen völlig aufgehen. Dabei sparen sie nicht an Dramatik; der Satz: "bei Beziehungstypen jeweils die Hälfte abziehen, dann kommt man der Wahrheit nahe" bestätigt sich immer wieder. Mit diesen Fähigkeiten sind Beziehungstypen aber genau die Richtigen, wenn es darum geht, andere für Ideen und Projekte zu begeistern oder schöne Dinge zu verkaufen. Sie lassen sich von Kritik, solange sie sich geliebt fühlen, nicht sofort bremsen. Im Gegenteil: Beziehungstypen nutzen Kritik umgehend und freuen sich darüber, dass man sich für sie Zeit nimmt.

Für Beziehungstypen ist es wichtig, dass sie als attraktiv oder anziehend gelten. Unter Ignoranz oder Desinteresse leiden sie aber nicht so sehr wie andere; für sie ist es nur der Ansporn, noch mehr Intensität in ihre Bemühungen zu legen. Gerne setzen sie ihr weit gefächertes Beziehungsnetz ein, um eine Sache voranzubringen. So können Beziehungstypen etwa eine größere Veranstaltung innerhalb kurzer Zeit durch einige Telefonanrufe auf die Beine stellen.

Kennzeichnend für Beziehungstypen ist, dass sie leiden, wenn sie sich ungeliebt oder hilflos erleben. Genauso schlimm ist es für sie, wenn man sie von fachlich kompetenter Seite als dumm darstellt.

Die Wohnungen (Büros, Zimmer) der Beziehungstypen lassen etwas von ihren vielfältigen Interessensgebieten ahnen. Häufig findet sich darin (wie auch in ihrer Vorstellungswelt) eine Sammlung von allerlei 'Schönem, Wahrem und Gutem'. Beziehungstypen mögen es auch in ihrer Umgebung farbig, sie setzen die Gegenstände liebevoll in Beziehung zueinander, verbinden scheinbar nicht zusammengehörige Accessoires nur durch die Art der Dekoration. Dabei haben sie stets die Wirkung im Blick, manchmal geht dieses 'Perfekt-Haben-Wollen' über die Grenzen des (für andere) Erträglichen oder ihres Geldbeutels hinaus.

Typisch für Beziehungstypen – vor allem in jungen Jahren – ist ihre Gutgläubigkeit. Sie müssen das Zweifeln und das kritische Denken erst mühsam lernen. Dies kann zum Beispiel dazu führen, dass Beziehungstypen drei sich widersprechende Ansichten für wahr halten. Meist wird dies als Fähigkeit zu positivem Denken oder Offenheit in Erscheinung treten und wenig Schaden anrichten. In existenzieller Hinsicht kann dieser Mangel an Sachlichkeit und Realitätssinn aber dazu führen, dass sich Beziehungstypen ungenau informieren und dadurch in Schulden oder Abhängigkeiten geraten. Die Folgen sind allzu oft geplatzte Träume oder Hilflosigkeit. Vergeblich halten sie dann nach einem 'Retter aus allen Nöten' Ausschau.

Dabei übernehmen Beziehungstypen liebend gerne selbst die Retterrolle für Dritte, auch auf Kosten des eigenen knappen Zeit- oder Geldkontos. Zu spät erkennen sie, dass sie das Opfer z.B. eines Aufmerksamkeit fordernden Menschen wurden (und dieser gar nicht 'gerettet' werden wollte). Dann bleibt nur noch die Flucht oder der Rückzug, was den darin geübten Beziehungstypen meist gut gelingt. Doch daraus kann emotionale Auszehrung oder übersteigertes Misstrauen resultieren. Es dauert aber lange, bis Beziehungstypen in einer leidvollen Situation tatsächlich ein Problem sehen. Aus gewohnheitsmäßiger Zufriedenheit können sie nur schwer Hilfe annehmen.

Auf andere Typen wirken Beziehungstypen häufig unernst, verspielt oder kindlich. Gerne benutzen sie Adjektive, um ihre Erzählungen anzureichern. Auch an ihrer künstlerischen, experimentierfreudigen oder ausgeschmückten Handschrift lassen sich Beziehungstypen manchmal erkennen.

typische Beziehungstyp-Merkmale in Stichworten:

- stärkste Seite: Beziehungen aufnehmen (nicht: *pflegen*)
- Defizit: Umgang mit Zeit, Geld, existenziellen Themen
- zögern selten, sagen häufig "Ja", kaum einmal "Vielleicht"
- finden rasch einen Draht zu fremden Menschen
- können gut mit Kindern umgehen, stellen viele Fragen
- kreative Anlagen bereits früh sichtbar
- kindliche (und neugierige) Seiten bleiben lange erhalten
- wirken oft verspielt und unernst, zeigen wenig Realitätssinn
- sind vielseitig interessiert, aber meist nur oberflächlich
- mangelnde Konzentrationsfähigkeit
- erkennen Zusammenhänge gut, können zusammenfassen
- kommen mit Kritik gut zurecht und nutzen sie
- selten unzufrieden; nehmen nur schwer Hilfe an
- können sich schwer auf ein Thema festlegen
- dramatisieren öfters Situationen ohne Notwendigkeit
- schätzen (neues) Wissen und aufregende Erkenntnisse
- eher gutgläubig, unvorsichtig und unkritisch
- leiden, wenn sie sich hilflos, ungeliebt oder dumm erleben
- mischen sich gerne ein, können sich nur selten heraushalten
- ideenreich, innovativ, fantasievoll, schauspielerisch begabt
- positives Denken stark ausgeprägt, können kaum zweifeln
- offen für Neues und Unbekanntes
- zeigen durch Mimik und Grimassen, was in ihnen vorgeht
- freigiebig, friedliebend, spielerischer Umgang mit dem Leben
- kommen mit wenig Aufmerksamkeit gut zurecht
- leiden häufig unter Zeit- oder Geldproblemen
- glücklich, wenn sie genügend Zeit und Geld haben
- erfolgreich, wenn sie sich auf ein Thema konzentrieren

Anmerkung: Die Typmerkmale stellen eine Tendenz dar. Sie sollten nicht nur durch Selbstüberprüfung, sondern auch im Urteil von nahe stehenden Personen gewertet werden. Das Gesamtbild im Vergleich mit den anderen Typenbildern ist ausschlaggebend.

Typenbilder der drei Grundtypen: Sachtyp

Nach WINKLER bevorzugen Sachtypen den Lebensbereich 'Zeit' (nach FRIEDMANN "Erkennen"). Dafür vernachlässigen oder unterschätzen sie den Bereich 'Tätigkeit'. Anstatt mit 'Zeit' ließe sich der sachtypische Bereich auch mit 'zeitliche Existenz' oder 'Dasein' bezeichnen[14].

Sachtypen erleben sich also eher als 'Seinswesen' denn als tätige Menschen. Für sie ist die Zeit etwas besonders Reales, dagegen sind sie sich häufig nicht bewusst, was sie durch ihr Tun (oder Nicht-Tun) bewirken. Dies kann dazu führen, dass sie sich als 'Opfer' erleben und keine Möglichkeit sehen, auch 'Täter' zu sein. Wenn sie infolgedessen die Verantwortung für die aktiven Gestaltungsmöglichkeiten des Lebens abgeben, entgeht ihnen auch das Erleben des Erfolgs.

Da Sachtypen mit der Zeit 'verheiratet' sind, sind sie wesentlich genauer, konzentrierter und mehr 'bei der Sache' als die ablenkbaren Beziehungstypen. Nicht zufällig finden sich in Berufen, bei denen Geduld und Ausdauer verlangt wird, wie bei der Erstellung von Computerprogrammen, überdurchschnittlich viele Sachtypen. Das Gleiche dürfte für die Mathematik, die Statistik oder für analytische Tätigkeiten gelten. "Auf die Schnelle kann ich dazu nichts sagen" oder "Da muss ich erst einmal genau nachforschen" sind für Sachtypen typische Antworten. Bevor sie Mühe (oder Geld) aufwenden und sich motivieren lassen, wägen sie die Erfolgsaussichten genau ab.

Die meisten Sachtypen haben auch eine Tendenz zur Unentschiedenheit. Was oft eine Stärke ist, nämlich ihre Fähigkeit, den Dingen auf den Grund zu gehen und alle Aspekte eines Themas genau zu kennen, wird ihnen (und manchmal ihren Mitmenschen) ebenso häufig zur Last.

Sie bleiben dadurch lange in der "Vielleicht"-Haltung oder sie sagen zwar "Ja", tun gleichzeitig aber alles, um noch nicht die Konsequenzen ziehen zu müssen. Der Grund für solches Verhalten ist die Schwierigkeit, deutlich "Nein" sagen zu können. Sachtypen sind eben besonders vorsichtig und behutsam – was sie auch zu angenehmen 'Zeitgenossen' macht.

Wenn sich Sachtypen für ein Thema interessieren und sie sich außerdem einen praktischen (oder finanziellen) Nutzen davon versprechen, lernen sie leicht und gründlich. Sie können sich hervorragend auf den Stoff konzentrieren und selbst Details speichern. Dafür tun sie sich bei praktischen Aufgaben etwas schwerer. Dieses Manko machen sie durch Ausdauer wett.

Typisch für Sachtypen ist auch, dass sie mit Kritik nicht so gut umgehen können wie etwa Beziehungstypen. Sachtypen sollte man nur kritisieren oder korrigieren, wenn sie dies wünschen. Und selbst dann ist es besser, möglichst objektiv und sachlich zu bleiben und die Anstrengung und Mühe anzuerkennen, die sie sich gemacht haben; denn Anerkennung und Beachtung sind für Sachtypen so etwas wie ihr Lebenselixier. Erleben sie sich von ihrer Umgebung ignoriert oder missachtet, können sie mutlos und passiv werden. Besonders ihre Erfolge sollten Anerkennung finden; Sachtypen mögen es meist auch, wenn man sie körperlich wahrnimmt - z.B. einen festen Händedruck, eine Berührung am Arm/an der Schulter oder eine kurze, deutliche Umarmung bei gegebenem Anlass.

Durch sportliche Aktivitäten erleben sich Sachtypen als lebendig – dann spüren sie ihren Körper, was für sie eine Steigerung ihrer Lebensqualität bewirkt. Im äußersten Fall können sie sich körperliche Zuwendung sogar durch Krankheiten 'erkaufen'. Dies tun sie natürlich nicht bewusst, es ist manchmal aber *eine* Möglichkeit, die lebensnotwendige Aufmerksamkeit zu bekommen. Auch können sie ihre körperlichen Grundbedürfnisse über lange Zeit ignorieren. Da ihre Leidensfähigkeit sehr ausgeprägt ist, macht ihnen das weniger aus, als überhaupt nicht wahrgenommen zu werden. Manche Magersucht zB. könnte mit diesem Wissen leichter zu verstehen sein. Mitleid hilft Sachtypen in der Regel nicht. Es nützt ihnen auch nicht, viel über ihre Probleme zu reden. Dagegen kann das Zutrauen in ihre eigene Lösungskompetenz oder die Frage nach ihren Zielen wahre Wunder bewirken. Nach FRIEDMANN ist es entscheidend, dass man 'dahinter bleibt', d.h. sie ihre Fortschritte und Lösungen selbst in die Wege leiten lässt. Auch die Aufforderung, frühere Erfolge und Kompetenzen zu erinnern, motiviert sie für die aktuellen Aufgaben.

Weitere sachtypische Möglichkeiten, Aufmerksamkeit auf sich zu ziehen, sind rebellisches Verhalten, Verweigerung, Unordentlichkeit, Geheimniskrämerei oder ein sehr individuelles Äußeres. Wenn Sachtypen jedoch erkennen, dass man sie auch ohne diese Auffälligkeiten bemerkt und ihre Fähigkeiten anerkennt, werden sie vermutlich bald darauf verzichten. Man tut – etwa, wenn man es beruflich oder in der Familie mit Sachtypen zu tun hat – gut daran, deren Stärken und Können zu beachten und unerwünschte bzw. destruktive Aufmerksamkeitsbemühungen nach Möglichkeit zu ignorieren.

Sachtypen erleben sich oft als zerbrechliche, zarte Wesen. Sie finden schwer einen festen Halt im Leben oder bei anderen Menschen. Daher ist verständlich, dass sie sich an jeden Strohhalm klammern. Sie halten lange an einer Beziehung oder am Arbeitsplatz fest, auch wenn sie darunter leiden; bevor sie sich verabschieden, machen sie sich schon vorsorglich auf die Suche nach geeignetem Ersatz. Hier kommt ihnen ihre Fähigkeit zum zweigleisigen Denken zu Hilfe. Was auf den ersten Blick nach Treue aussieht, kann also durchaus auf einen Mangel an Alternativen zurückzuführen sein. Findet sich eine solche, kann der Wechsel relativ plötzlich stattfinden.

typische Sachtyp-Merkmale in Stichworten:

- stärkste Seite: Umgang mit Zeit, dem Dasein und existenziellen Themen; Schwachstelle: aktive Tätigkeiten
- bleiben lange beim 'Vielleicht' oder beim 'Sowohl-als-auch', können nur schwer deutlich "Nein!" sagen
- sparen gerne, brauchen eine starke Motivation, um Zeit oder Geld aufzuwenden (z.B. reizvolle Aktivitäten oder Ziele)
- kultivieren Langsamkeit, Geduld und Konzentration auf ein Thema; mögen Extreme und Minimalismus
- sind besonders leidensfähig, halten an Gewohnheiten fest, scheuen Veränderung (Beruf, Partnerschaft, Wohnort)
- leiden sehr unter Missachtung, Kritik oder Ignoranz
- finden schwer Freunde, pflegen Freundschaften aber lange
- lernen leicht, genau und ausdauernd
- ausgeprägte abstrakte oder räumliche Vorstellungskraft
- stapeln gerne Unterlagen, finden sich darin aber (mit etwas Zeit) relativ gut zurecht; neigen zum Chaos, sammeln gerne
- bevorzugen die Verteidigungshaltung, greifen selten an und fressen ihren Ärger lange in sich hinein
- erleben sich häufig als Opfer (z.B. der Umstände), suchen die Verantwortung (auch für Erfolge) bei anderen oder beim Zufall/beim Glück; bevorzugen eine inaktive Grundhaltung
- haben einen Draht für Mystisches, Geheimnisvolles oder Übersinnliches; nehmen religiöse Themen sehr ernst
- sind besonders vorsichtig, erleben sich als zerbrechlich und zart bzw. den Dingen (oder Argumenten) ausgeliefert
- sind in der Regel verständnisvolle und geduldige Zuhörer
- können über längere Zeit zwei- oder mehrgleisig vorgehen und sich die Alternativen offen halten

Anmerkung: Die Typmerkmale stellen eine Tendenz dar. Sie sollten nicht nur durch Selbstüberprüfung, sondern auch im Urteil von nahe stehenden Personen gewertet werden. Das Gesamtbild im Vergleich mit den anderen Typenbildern ist ausschlaggebend.

Interaktionsmuster zwischen unterschiedlichen Persönlichkeitstypen

1. Grundannahmen aus dem Modell

Ein Ziel der Transaktionsanalyse von ERIC BERNE war das Verstehen und Beeinflussen von zwischenmenschlichen Vorgängen. Er nannte sie "Transaktionen" und unterschied sie dahingehend, welche von drei Anteilen der Persönlichkeit ("Erwachsenen-Ich", "Kind-Ich" oder "Eltern-Ich") jeweils an den Transaktionen beteiligt sind. Darin hoffte er, Erklärungen für Verstehen oder Missverstehen zu finden und so eine Veränderung des individuellen Verhaltens zu unterstützen. Da dieses Modell in den letzten Jahren auch Eingang in viele Seminare (z.B. in Betrieben) fand, scheint es hier nützlich zu sein.

Das psychographische Modell von W. WINKLER unterscheidet Persönlichkeitsstrukturen auf vier Ebenen, daher werden auch die Interaktionen zwischen Menschen auf vier Ebenen beachtet. Als entscheidend für die Qualität und Art dieser Interaktionen wird angenommen, wie die Bewegungsstruktur der miteinander interagierenden Personen zueinander passt. Bewegungsstruktur bedeutet, welches Spannungsfeld (zwischen den jeweils vier Bevorzugungen und Vernachlässigungen) die Beteiligten mitbringen. Im Aufeinandertreffen dieser Spannungsfelder entstehen typische, beobachtbare Interaktionsmuster[15].

Nun sollen einige repräsentative Muster (für die 81 x 81 denkbaren Kombinationen) vorgestellt, sowie Möglichkeiten für deren Deutung und Beeinflussung aufgezeigt werden. Voraussetzung für die praktische Anwendung ist die Kenntnis der Persönlichkeitsstrukturen aller Beteiligten. Daher ist dieses Kapitel besonders für Paare, Familien, fortgeschrittene Psychographen oder Team-Supervisoren interessant.

2. Sechs repräsentative Interaktionsmuster*

MUSTER 1: Alle vier Ebenen sind identisch

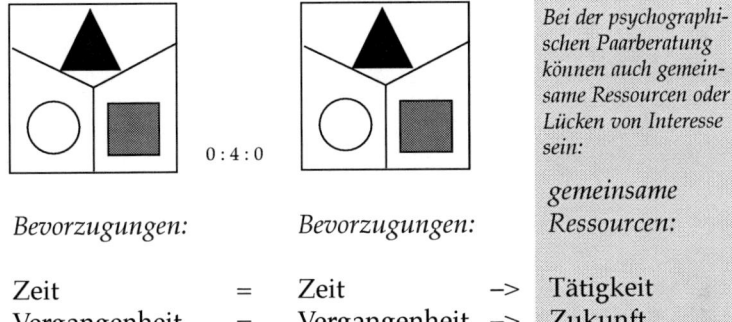

*Bei der psychographi-
schen Paarberatung
können auch gemein-
same Ressourcen oder
Lücken von Interesse
sein:*

0 : 4 : 0

Bevorzugungen:		*Bevorzugungen:*		*gemeinsame Ressourcen:*
Zeit	=	Zeit	–>	Tätigkeit
Vergangenheit	=	Vergangenheit	–>	Zukunft
Fühlen	=	Fühlen	–>	Denken
Wir-Beziehung	=	Wir-Beziehung	–>	Du-Beziehung

Für die Deutung von Muster 1 gibt es verschiedene Alternativen. Man könnte vermuten, zwischen diesen Typen sei es sehr still bis langweilig, weil kein gegenseitiger Reiz vorhanden ist. Die starke Ähnlichkeit kann aber genauso gut zu einer Hemmung oder zu besonderer Harmonie beitragen.

ANGELIKA CARLE verdanken wir den Hinweis, dass sich jedes (der hier beschriebenen) Muster verändert, wenn sich eine Seite in Richtung ihrer Vernachlässigungen weiterbewegt. Dadurch ändert sich zwar nicht der Typ, aber die momentane Gewichtung. Am obigen Beispiel hieße das: Eine Seite bewegt sich in die (grau unterlegten) Vernachlässigungen (rechts). Damit wird sie (da sie nun die Ressourcen-Bereiche zeigt) nicht mehr durch starke Ähnlichkeit, sondern durch Anziehungskraft auffallen. Der Gegenseite gelingt es so leichter, sich ebenfalls in Richtung ihrer Ressourcen zu bewegen.

---

* Die Persönlichkeitstypen werden hier auch jeweils mit Hilfe der 'Psychogramme' dargestellt. Deren Logik wird im Anhang (ab S. 95) erläutert.

MUSTER 2: Drei Ebenen sind identisch, eine ist verschieden

Bei der psychographischen Paarberatung können auch gemeinsame Ressourcen oder Lücken von Interesse sein:

1 : 3 : 0

Bevorzugungen: *Bevorzugungen:*   *gemeinsame Ressourcen (Lücke):*

Beziehung	=	Beziehung	–>	Zeit
Ich-Beziehung	=	Ich-Beziehung	–>	Wir-Beziehung
Zukunft	=	Zukunft	–>	Gegenwart
Machen	–>	Fühlen		(Denken)

Unter den 81 möglichen Persönlichkeitsstrukturen finden sich für jeden acht Gegenüber mit diesem Muster. Der Pfeil zeigt an, dass sich auf der rechten Seite die passende Vernachlässigung für die Bevorzugung der linken Seite findet.

Für die Deutung dieses Interaktionsmusters gibt es wieder verschiedene Möglichkeiten. Die Erfahrung zeigt, dass identische Bevorzugungen für die Kommunikation vorteilhaft sind. Zwei Macher werden sich in der Regel leichter verstehen als ein Macher und ein Fühler.

Andererseits ist der Reiz zwischen zwei Menschen dann stärker, wenn der eine etwas ausgeprägter zeigt als der andere. So wird im obigen Beispiel der Macher am Fühler das schätzen, was ihm selbst eher fehlt. Dem Fühler fehlt umgekehrt dieser Reiz, es sei denn, er bewegt sich hier in seine Ressource, also in Richtung 'Denken'. Wird er zeitweise zum Denker, dann wird der Macher wieder reizvoller (weil der nächste Schritt nach dem 'Denken' das 'Machen' ist). Durch das Aktivieren der jeweiligen Ressourcen entstehen so für beide neue Chancen.

MUSTER 3: Zwei Ebenen sind identisch, zwei verschieden[16]

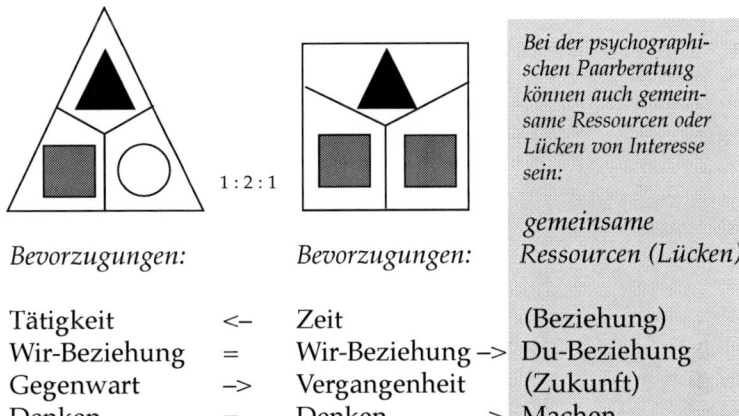

1:2:1

Bevorzugungen:

Bevorzugungen:

Bei der psychographischen Paarberatung können auch gemeinsame Ressourcen oder Lücken von Interesse sein:

gemeinsame Ressourcen (Lücken)

Tätigkeit	<–	Zeit		(Beziehung)
Wir-Beziehung	=	Wir-Beziehung	–>	Du-Beziehung
Gegenwart	–>	Vergangenheit		(Zukunft)
Denken	=	Denken	–>	Machen

Unter den 81 möglichen Persönlichkeitsstrukturen finden sich für jeden 24 Gegenüber mit diesem Muster. Die Hälfte davon zeichnet sich durch eine Besonderheit aus, die auch für das obige Beispiel gilt: Die beiden unterschiedlichen Bevorzugungen sind gegenläufig, das heißt, sie sind jeweils die Vernachlässigung (Ressource) des anderen. Für dieses Muster treffen also die beiden Sprichwörter "Gleich und Gleich gesellt sich gern" und "Gegensätze ziehen sich an" gleichzeitig zu. Offensichtlich ist es so für beide Seiten besonders interessant. Eine Liste mit den 12 'Idealpartnern' (für jeden der 81 Persönlichkeitstypen) findet sich im Anhang ab S. 106.

In der zweiten Gruppe dieses Musters sind zwei Ebenen identisch, die beiden anderen tendieren in eine Richtung. Dies könnte sich dahingehend auswirken, dass man sich gut versteht, aber nur für eine Seite ein besonderer Reiz vorhanden ist. Auch hier gilt, dass sich das Muster durch Aktivierung der Ressourcen verändern oder sogar umkehren kann. Es gibt also keine statischen, unveränderlichen Muster.

MUSTER 4: Eine Ebene ist identisch, drei sind verschieden

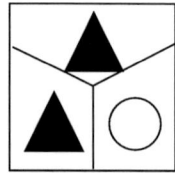

0 : 1 : 3

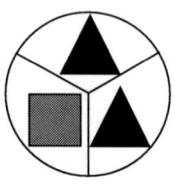

Bei der psychographischen Paarberatung können auch gemeinsame Ressourcen oder Lücken von Interesse sein:

Bevorzugungen:		*Bevorzugungen:*	*gemeinsame Ressourcen (Lücken):*
Zeit	<–	Beziehung	(Tätigkeit)
Wir-Beziehung	=	Wir-Beziehung –>	Du-Beziehung
Gegenwart	<–	Zukunft	(Vergangenheit)
Machen	<–	Denken	(Fühlen)

Unter den 81 Persönlichkeitsstrukturen finden sich für jeden 32 Gegenüber mit diesem Muster. Sie unterscheiden sich jedoch hinsichtlich der 'Pfeilrichtungen'. Im obigen Fall zeigen drei in eine Richtung – ein Hinweis darauf, dass die linke Seite für die rechte besonders anziehend wirken könnte.

Da sich hinsichtlich der Deutungen mehrere Möglichkeiten zeigen, ließe sich für das Beispiel auch Folgendes prognostizieren: Die Bewegung der rechten Seite in ihre Vernachlässigungen wird durch die Stärken der linken Seite gehemmt. Warum etwa soll sich der Denker in Richtung 'Machen' bewegen? Dieser Aspekt ist ja bereits besetzt. Aktiviert jedoch der Macher seine eigene Vernachlässigung (das 'Fühlen'), dann wird der Platz für den Denker (in Richtung 'Machen') frei.

Neben der gemeinsamen Stärke (oder Bevorzugung), 'Wir-Beziehung' findet sich eine gemeinsame Vernachlässigung (und Ressource): die 'Du-Beziehung'. Auf deren Qualität sollten diese beiden besonders achten.

MUSTER 5: Vier Ebenen sind verschieden, keine identisch

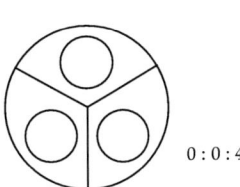

0 : 0 : 4

Bei der psychographischen Paarberatung können auch gemeinsame Ressourcen oder Lücken von Interesse sein:

Bevorzugungen:		*Bevorzugungen:*	*(gemeinsame Lücken):*
Beziehung	<–	Tätigkeit	(Zeit)
Du-Beziehung	<–	Wir-Beziehung	(Ich-Beziehung)
Gegenwart	<–	Zukunft	(Vergangenheit)
Fühlen	<–	Machen	(Denken)

Unter den 81 Persönlichkeitsstrukturen finden sich für jeden 16 Gegenüber mit diesem Muster. Diese 16 unterscheiden sich durch die Richtung der Pfeile. Wie im obigen Beispiel können alle Pfeile in eine Richtung zeigen, d.h. eine Seite verkörpert vollständig die Ressourcen der anderen. Es können auch zwei Pfeile in die eine und zwei in die andere Richtung zeigen – dieses Muster findet sich unter Paaren öfters. Oder drei Pfeile zeigen in die eine, einer in die andere Richtung. Da keine der psychographischen Strukturen identisch ist, sind die Akteure in diesem Muster gezwungen, um Verständnis zu ringen. Missverständnisse und Klärungsbedarf sind an der Tagesordnung – dies stärkt jedoch die Kommunikationskompetenz.

Wie bei allen Gegenübern, mit denen Unterschiede in der Persönlichkeitsstruktur vorhanden sind (also bei 80 von 81 Möglichkeiten), ist das Thema Toleranz für die Qualität des Miteinanders entscheidend. Allein das Wissen um die Andersartigkeit der Bevorzugungen und Ressourcen kann dabei einen wichtigen Beitrag leisten. (vgl. S. 121-125)

3. Interaktionsmuster in Gruppen, Familien, Teams

Je mehr Menschen ein 'Interaktionsgeflecht' (System) umfasst, desto vielfältiger werden die Interaktionsmuster. Gerade in Familien oder Arbeitsgruppen, die regelmäßig und ohne allzu viel Ausweichmöglichkeiten zusammenleben, zeigen sich häufig wiederkehrende, typische Muster. Diese können ebenfalls mit Hilfe der Psychographie beleuchtet, verständlich gemacht und beeinflusst werden. (vgl. S. 148-150)

Bei der Analyse einer Gruppensituation aus psychographischer Sicht (z.B. einer Fußballmannschaft oder eines Leitungsteams) findet zuerst eine *Einzel*analyse aller Beteiligten statt. Wenn für jeden die psychographische Persönlichkeitsstruktur ermittelt ist, können gemeinsam die Interaktionsmuster in der Gruppe besprochen werden. Dabei wird erfahrungsgemäß bereits Verständnis und Toleranz trainiert. Im Laufe der Zeit werden die Einzelnen immer mehr Erklärungen für typische Interaktionen finden, die sich auf die zuvor besprochenen Typunterschiede zurückführen lassen. Somit ist der Weg offen für eine Veränderung der Kommunikation und der gewohnten Interaktionsmuster. Anstelle von Unverständnis oder gar Misstrauen wachsen dann Neugier und Akzeptanz für die jeweiligen Persönlichkeitsunterschiede. Eine längerfristige supervisorische Begleitung kann dabei hilfreich sein.

In Gruppen, die mit diesem Modell arbeiten, lockert sich erwiesenermaßen die Atmosphäre. Eine Bemerkung wie "Das könnte euch Handlungstypen so gefallen!" kann unter Umständen eine Situation rasch entspannen. Die Zusammenstellung von Teams und die Verteilung der Aufgaben darin wird unter Berücksichtigung der individuellen, typspezifischen Stärken passender erfolgen als ohne psychographisches Wissen. Ähnliches gilt auch für Eltern, welche die Persönlichkeitsstrukturen in der Familie (oder der Verwandtschaft) kennen.

Aus psychographischer Sicht können Gruppen (Familien, Teams) folgendermaßen unterschieden werden:

a) Nur ein Grundtyp
- ausschließlich Menschen eines Grundtyps sind vorhanden
- sie differieren nur hinsichtlich der Bevorzugungen in den Unterbereichen

b) Überwiegend ein Grundtyp
- überwiegend Menschen eines Grundtyps sind vorhanden
- die anderen Typen sind (deutlich) in der Minderheit

c) Alle außer einem
- alle außer einer Person zeigen den gleichen Grundtyp

d) Alle Grundtypen
- in solchen Gruppen sind alle Grundtypen ungefähr gleichmäßig vertreten
- in den Bevorzugungen der Unterbereiche kann es Häufungen (z. B. von Denkern) geben

e) Alle Bevorzugungen
- in diesen Gruppen sind alle Grundtypen und alle Bevorzugungen der Unterbereiche vertreten*
- es gibt für jeden Bereich jemand, der dort besonders stark ist

---

* Im günstigsten Fall benötigt man dafür nur drei Personen, wie dieses Beispiel zeigt:

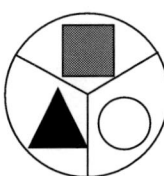

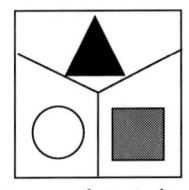

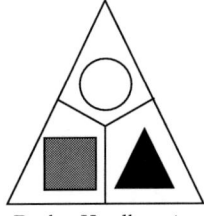

Ich-Beziehungstyp	Vergangenheits-Sachtyp	Denker-Handlungstyp
gegenwartsorientiert	Fühler	Du-bezogen
Macher	Wir-bezogen	zukunftsorientiert

III. Praktische Anwendungen der Psychographie - Beispiele und Anregungen

Typgerechter Umgang mit Kindern

Typgerechte Haltung gegenüber Schwierigkeiten

Typgerechte psychologische Unterstützung

Typgerechte Lösungswege – Das Leitdreieck für Problemlösungen

Psychographische Typanalyse

Typgerechte Pädagogik

Typgerechte Psychotherapie

Konkurrenz mit anderen Modellen

Künftige Anwendungsmöglichkeiten

Typgerechter Umgang mit Kindern

Bereits auf dem 1. Psychographie-Tag 1999 betonte CHRISTA ROLLER die Wichtigkeit einer 'typgerechten Förderung' von Kindern. Sie regte aufgrund der Unterschiedlichkeit der Typen eine typgerechte Erziehung an[17].

Seither gewinnt das Thema 'Kinder' unter den Psychographen ständig an Bedeutung. Dies wird auch dadurch deutlich, dass es sowohl auf dem zweiten wie auf dem dritten Fachkongress der Psychographie-Initiative zahlreiche Teilnehmer, besonders Eltern, Lehrer und Erzieher, interessierte[18].

Die Psychographie gesteht bereits dem Neugeborenen eine beobachtbare Bevorzugung bestimmter Lebensbereiche und daher eine individuelle Persönlichkeitsstruktur zu. Diese wird nicht erst durch Erziehung, Lebensgeschichte oder Umwelt geprägt. Im Gegenteil, typische Bevorzugungen können schon bei Babys beobachtet werden. Mütter mit typverschiedenen Kindern berichten sogar von typischen Unterschieden im Verhalten der Ungeborenen während der Schwangerschaft[19].

Vielen Eltern wird erst durch die Kenntnis der psychographischen Persönlichkeitsstrukturen ein Zugang zur Verschiedenartigkeit ihrer Kinder möglich. Der Vergleich mit Eltern, Großeltern oder Geschwistern wird ergänzt durch die Wahrnehmung der typeigenen Stärken und Schwächen. Ohne das Wissen um die Typverschiedenheit besteht die Gefahr einer Fehlinterpretation von typischen Merkmalen oder gar deren Pathologisierung. Angenommen, zwei 'Denker'-Eltern haben ein 'Fühler'-Kind; dann werden diese vielleicht eher dessen seltene Nutzung des Denkens registrieren als seine Stärke im Fühlen. Oder die Gefühlsstärke wird zu sehr beachtet (weil auffallend) und so die Entwicklung des Denkens gebremst.

Typgerechter Umgang mit Kindern bedeutet zunächst die Kenntnis der eigenen Bevorzugungen und Ressourcen, erst danach die Analyse der Kinder. Ohne diesen ersten Schritt kann kein typgerechtes Verständnis entstehen und Missverständnisse (z.b. aus dem eigentypischen Erleben abgeleitete oder von Vorurteilen bestimmte Erklärungsmuster für kindliches Verhalten) werden möglicherweise die Folge sein. Eine typgerechte Erziehung dagegen erlaubt den Kindern, auf die ihnen eigene Art zu leben und zu wachsen (vgl. S. 121-125).

Typgerechte Haltung gegenüber Schwierigkeiten

FRIEDMANN hat beobachtet, dass den drei Grundtypen beim Lösen von Problemen unterschiedliche Haltungen helfen:

Sachtyp: "Ich bin einmal neugierig, wie ich dieses Problem lösen werde."
Für den Sachtyp zeigt sich in dieser Haltung des 'Neugierigseins' bereits eine aktive Komponente, die ihn aus seiner eher inaktiven, abwartenden Haltung (auch 'Opferhaltung') leiten kann. Indem er die Verantwortung für das Entstehen von Lösungen bereits im Vorfeld übernimmt, steht ihm im Nachhinein auch das Lob für den Erfolg zu. Für Partner, Freunde, Berater oder Therapeuten, die den Sachtyp bei einer Problemlösung unterstützen möchten, kann die Einnahme dieser Haltung ebenfalls nützlich sein. Tun sie es nicht, laufen sie Gefahr, die Verantwortung für das Problem übertragen zu bekommen. Dies erschwert die Lösung und schwächt die Fertigkeiten des Sachtyps im Umgang mit Schwierigkeiten.

Handlungstyp: "Gleiches mit Gleichem - positiv."
Für den Handlungstyp kommt es darauf an, in eine kooperative Haltung zu seinen Schwierigkeiten (die häufig auf der Beziehungsebene liegen) zu gelangen. Dies heißt beispielswei-

se, nicht in eine handlungstypische Angriffshaltung zu gehen und zu versuchen, 'die Sache in den Griff zu bekommen'. Vielmehr sollte er nach Ideen suchen, die allen Beteiligten (dazu kann auch der Körper des Handlungstyps gehören) ein gemeinsames, friedliches Zusammenleben ermöglichen. 'Gleiches mit Gleichem - positiv' meint dabei nicht 'Auge um Auge – Zahn um Zahn'. Vielmehr wird das Problem als Hinweis auf nötigen Änderungsbedarf 'willkommen' geheißen. Man bietet ihm 'Kooperation' an und passt seine innere Haltung der jeweiligen leidauslösenden Situation an. Im Fall von starken Schmerzen kann dies beispielsweise heißen, eine ebenso 'starke' Reaktion einzuleiten, sprich: zum Notarzt zu gehen. Oder bei Überarbeitung und Schlafmangel mit Arbeitsverteilung (Delegation) und langen Ruhephasen zu antworten.

Beziehungstyp: "Große Probleme - einfach Lösungen."
Für beziehungstypische Lösungen gilt bei nachträglicher Betrachtung häufig der oben zitierte Satz. Grund dafür könnte sein, dass Beziehungstypen dazu tendieren, bevorzugt auf die Zusammenhänge der Dinge, deren Vernetzung oder – im Problemfall – deren Verstrickung zu achten. Folgerichtig neigen Beziehungstypen dann dazu, vor lauter Problemzusammenhängen den Ausweg oder die einfache Lösung zu übersehen.

Daher sind für sie die sachlichen, lösungsorientierten Ansätze (wie die Suche nach früheren Lösungen oder vergessenen Ressourcen) besonders geeignet. Auch die im Leitdreieck aufgezeigte Prozessbahn (vgl. S. 62), die aus der Situationsbeschreibung zuerst in Richtung der Konzentration auf ein einzelnes Thema weist, kann zur Klärung beitragen. Weniger Dramatik und mehr Realitätsbezug sind dabei der Schlüssel.

Manchmal muss den Beziehungstypen die Zeit zu Hilfe kommen. Auch wenn es den Betroffenen schwer fallen mag, kann das zeitweise Ignorieren oder Missachten eines Problems weiterhelfen. Die 'Scrabble'-Spieler unter den Lesern kennen das Phänomen: Aus den vorgegebenen Buchstaben lässt sich scheinbar kein sinnvolles Wort legen. Wird man aber für einige Momente vom Spiel abgelenkt und kehrt dann zurück, sieht man plötzlich eine Möglichkeit, die zuvor verborgen blieb. Offensichtlich hatte das Gehirn Zeit, an der Lösung zu arbeiten. Dazu benötigt es manchmal eben nicht die bewusste, sondern die unbewusste Lösungssuche. Vorschnelles Reagieren auf Schwierigkeiten schränkt häufig die Lösungsfindung ein.

Um Lösungsprozesse zu unterstützen sind eine typgerechte Vorgehensweise und eine passende Haltung nützlich. Geht man nur von seiner eigenen Erfahrung aus, kann etwa ein Handlungstyp die dramatischen Problemschilderungen eines Beziehungstyps dahingehend missdeuten, dass es tatsächlich 'an allen Ecken und Enden brennt'. Denn er weiß von sich selbst, wenn er (als Handlungstyp) erst einmal dramatisch wird, dann ist es ernst. Damit jedoch wird er dem anderen (besonders dem Beziehungstyp) nicht immer gerecht.

Typgerecht heißt also in erster Linie, den typfremden Umgang mit Problemen und Lösungsversuchen nicht mit den typeigenen Erfahrungen zu verwechseln; typgleiche Gesprächspartner können daher bei der Lösungssuche durchaus von Vorteil sein, da "sie als Spiegel dienen. Fremde Typen dagegen bieten eher ein Zerrbild" (A. CARLE).

Typgerechte psychologische Unterstützung

Da sich aus den unterschiedlichen Bevorzugungen und Vernachlässigungen der 81 Persönlichkeitstypen weitreichende Folgen ergeben, liegt es nahe, dieses Wissen auch in die psychologische Unterstützung, z.B. bei Beratung, Seelsorge und Supervision, mit einzubeziehen[20].

Erstaunlicherweise konzentrierten sich die meisten Charakterkundler auf die Beobachtung (und damit häufig auf die Festschreibung) typischer Probleme. Erst das Zusammentreffen der 'Lösungsorientierten Kurztherapie' von S. DE SHAZER und der Psychographie von D. FRIEDMANN führte zur Wahrnehmung und Nutzung typspezifischer Lösungswege.

Durch die gezielte Analyse gelungener Lösungen und deren Zuordnung zu den einzelnen Persönlichkeitstypen entstand (und entsteht noch immer) eine nützliche Lösungssammlung. Psychographisch erfahrene Berater und Therapeuten können aus der Kenntnis der typischen Bevorzugungen bereits einschätzen, welche Lösungswege ihren Klienten mit großer Wahrscheinlichkeit weiterhelfen werden. Da zu jeder Überbetonung (die häufig Ursache von Beschwerden ist) eine vernachlässigte Ressource gehört, lassen sich für jeden Typ passende Lösungsansätze (z.B. in den Triaden) finden.

In der psychologischen Beratungspraxis zeigt sich, dass den Klienten manchmal die vier Worte, die ihre individuellen Ressourcen benennen (vgl. S. 27), ausreichen, um bereits gelungene Lösungsansätze in Erinnerung zu rufen und diese zu wiederholen. Sie stellen oft 'Lösungsrezepte' dar, nach dem Motto: 'Mach' mehr von dem, was funktioniert!'.

So benötigt typgerechtes Vorgehen auch eine große Portion Zurückhaltung. Denn die Lösungen des Spezialisten (Mediziners / Therapeuten / Seelsorgers) sind nicht automatisch die des Klienten. Im Gegenteil: was dem einen hilft (z. B. dem Denker das 'Machen'), kann dem anderen (z.B. dem Macher, der davon bereits zu häufig Gebrauch macht) eher schaden. Durch die Berücksichtigung typspezifischer Lösungswege dagegen können Interventionen typgerecht angepasst werden. Dies ist (bzw. wäre) für alle Therapierichtungen und damit für die Patienten / Klienten ein Gewinn.

Typgerechte Lösungswege - Das Leitdreieck für Problemlösungen

Das Leitdreieck für Problemlösungen wurde zuerst von D. FRIEDMANN in der 'Integrierten Kurztherapie' verwendet. Er empfahl, stets mit der Frage nach dem Thema (dem Problem) zu beginnen. Die Praxis hat mittlerweile gezeigt, dass es noch sinnvoller ist, dem Gegenüber zunächst zuzuhören und zu schauen, in welcher 'Ecke' er beginnt. Dann kann man ihn zu den jeweils nächsten zwei Ecken leiten, z.B. mit den unten angeführten Fragen. Die Erfahrung lehrt auch, dass Sachtypen meist mit ihrem Thema beginnen, Handlungstypen ein Ziel nennen und Beziehungstypen eine Situation beschreiben.

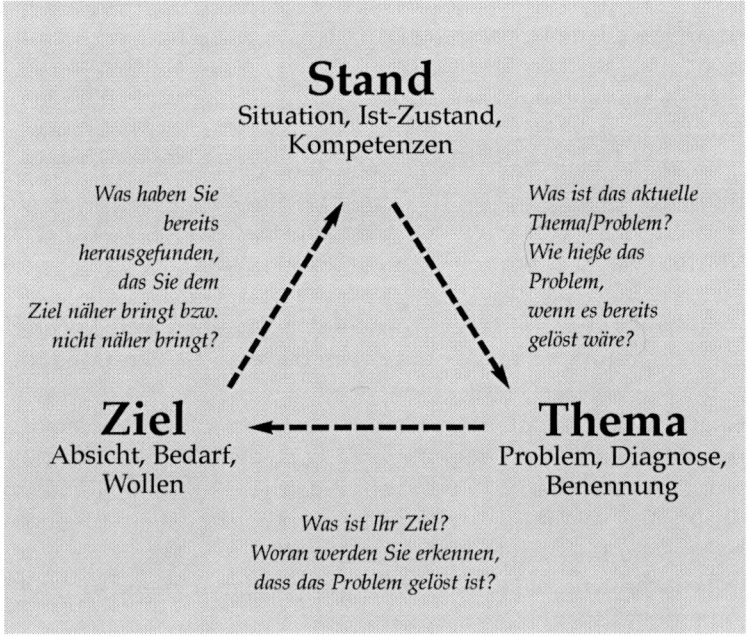

Stand
Situation, Ist-Zustand,
Kompetenzen

Was haben Sie
bereits
herausgefunden,
das Sie dem
Ziel näher bringt bzw.
nicht näher bringt?

Was ist das aktuelle
Thema/Problem?
Wie hieße das
Problem,
wenn es bereits
gelöst wäre?

Ziel ←---------- **Thema**
Absicht, Bedarf,   Problem, Diagnose,
Wollen   Benennung

Was ist Ihr Ziel?
Woran werden Sie erkennen,
dass das Problem gelöst ist?

Dieses Leitdreieck kann typgerecht in der Beratung/Therapie eingesetzt werden, wenn man den Grundtyp des Gesprächspartners bereits kennt. Des Weiteren kann es für die eigene strukturierte Problemlösung nützlich sein.

Der Ablauf **für Sachtypen** könnte folgendermaßen aussehen:

1. "Was ist Ihr Thema/Problem?" oder "Welche Aufgabe sehen Sie vor sich?" oder "Welchen Arbeitstitel geben Sie unserem Gespräch?" (wird oft von selbst genannt).

2. "Was ist ihr Ziel?" oder "Woran werden Sie erkennen, dass das Problem gelöst ist?" oder "Woran werden Sie merken, dass Sie beginnen, in der Sache erfolgreich zu sein?"

3. Das Ziel sollte ausführlich auf folgende sieben Kriterien hin überprüft werden. Falls ein Kriterium nicht zutrifft, ist es nützlich, das Ziel neu zu formulieren.
   - Das Ziel sollte konkret oder messbar sein.
   - Das Ziel sollte auch etwas Anwesendes beschreiben. (also nicht nur "ich will dies oder das *weg* haben ...")
   - Das Ziel sollte für die Betroffenen bekömmlichst sein.
   - Das Ziel sollte attraktiv sein.
   - Das Ziel sollte realistisch sein.
   - Die Zielerreichung sollte prinzipiell in der Macht desjenigen sein, der es anstrebt.
   - Das Ziel sollte stufenweise erreichbar sein.

4. "Was haben Sie bereits herausgefunden, das Sie diesem Ziel näher bringt?" (damit man davon mehr versuchen kann) oder "Was wissen Sie schon, das Sie nicht weiterbrachte?" (damit man nicht noch mehr davon versucht).

5. "Wie hieße das Thema/Problem, wenn es gelöst wäre?" (Die Umbenennung kann eine Veränderung bewirken).

Während des Gesprächs mit Sachtypen ist es wichtig, ihnen genug Zeit zu lassen, Pausen zu akzeptieren und sie nicht zu 'überholen'. Eine neugierige, forschende Haltung ist besser.

Ein Gespräch entlang des Leitdreiecks **für Handlungstypen** kann folgendermaßen geführt werden:

1. "Was ist Ihr Ziel?" oder "Was wollen Sie heute hier erreichen?" oder "Welche Absicht verfolgen Sie?". Handlungstypen nennen häufig 'negative' Ziele, z.B. "ich möchte *nicht*, dass ...". Dann ist es nützlich, zu fragen, was sie *stattdessen* gerne hätten. Als Ziel sollten nur solche Formulierungen akzeptiert werden, die den oben beschriebenen sieben Kriterien (konkret, anwesend, bekömmlichst, attraktiv, realistisch, in meiner Macht, stufenweise) standhalten. Sonst lenkt man den Gesprächspartner oder sich selbst leicht in eine Richtung, die nicht gewollt wurde. Bis alle Kriterien erfüllt sind, kann es nötig sein, das Ziel mehrmals neu zu formulieren; häufig erledigt sich allein dadurch das weitere Gespräch.

2. "Was haben Sie schon herausgefunden, das Sie in Richtung dieses Zieles weiterbringt?" oder "Welche Möglichkeiten kennen Sie, dieses Ziel zu erreichen?" oder "Was haben Sie schon versucht, das nichts in der gewünschten Richtung bewirkt hat?". Handlungstypen sind sich häufig ihrer eigenen Kompetenz nicht bewusst, besonders im Bereich 'Beziehung'. Vor allem sollten sie nicht mehr von dem versuchen, was nichts geholfen oder sogar Schaden angerichtet hat. Dann heißt es: "Hören Sie auf damit; versuchen Sie etwas anderes!". Sind aber gute Erfahrungen vorhanden, auch aus kurzen Ausnahmezeiten, kann geraten werden: "Da es schon einmal funktioniert hat, versuchen Sie es öfters."

3. Zuletzt sollte das aktuell anstehende Thema geklärt werden, beispielsweise so: "Was ist jetzt für Sie der nächste Schritt?"

oder "Was hindert Sie noch daran, es in der besprochenen Weise zu versuchen?" Dabei kann es sein, dass das ursprünglich formulierte Ziel eine kleinere Dimension annimmt oder sich sogar vollständig ändert. Auch dieses neue Ziel sollte auf die sieben Kriterien hin überprüft werden.

In der Beratung von Handlungstypen ist es nützlich, eine ähnliche Haltung einzunehmen wie der Gesprächspartner. FRIEDMANN nannte es "Gleiches mit Gleichem – positiv". Also nicht eine dramatische Äußerung mit beschwichtigenden Sätzen abtun oder aus einer Bitte um einen Tipp ein 'tiefschürfendes' Problem konstruieren. Handlungstypen darf man ruhig ab und zu etwas 'überholen', das heißt, ihnen deutliche Worte zumuten oder einen praktischen Ratschlag geben. Sie können damit gut umgehen, vielleicht, weil sie selbst gerne andere in guter Absicht belehren und den rechten Weg zeigen wollen.

Im Gespräch **mit Beziehungstypen** kann das Leitdreieck folgendermaßen eingesetzt werden:

1. Da Beziehungstypen dazu neigen, alles 'in Beziehung zu setzen' oder miteinander zu verknüpfen, werden sie zu Beginn oft die Situation ausführlich schildern wollen. Dazu sollte man ihnen Zeit lassen und mit freundlichen, aufmunternden Gesten zuhören. Der *Inhalt* der Erzählungen ist dabei häufig nicht entscheidend, sondern woran der Erzähler tatsächlich *leidet*. Da dies (auch für den Erzähler selbst) nicht immer einfach zu erkennen ist, sollte man nachfragen, z.B. so: "Sie haben davon gesprochen, dass .... – handelt es sich dabei vielleicht um das Thema, weshalb Sie um eine Aussprache gebeten haben?" oder "Leiden Sie an ... besonders?". So hilft man zur Konzentration auf 'lösbare Probleme'; für Beziehungstypen kann deren Bearbeitung dann eine (fast sportliche) Herausforderung sein.

Falls man kein Problem aus den Erzählungen heraushören

kann, sollte man nicht den Fehler machen, ein solches hypo-
thetisch zu vermuten. Die Formulierung der Beschwerde muss
vom Gesprächspartner kommen. Vielleicht lässt sich auch mit
folgender Frage die Sache auf den Punkt bringen: "Sie haben
mir jetzt viele unterschiedliche Aspekte Ihres Themas erzählt -
angenommen, wir könnten heute nur einen davon konzen-
triert besprechen, welcher wäre Ihnen der Wichtigste?"

2. Wenn das Thema/Problem klar ist, folgt die Frage nach dem
Ziel. Dabei sollte man mit Beziehungstypen besonders vorsichtig umgehen, denn sie neigen zu unrealistischen Zielen, die
eher den Charakter von Träumen als den von Plänen haben.
Auch vor neuen Zielen ist Vorsicht geboten, denn Beziehungstypen können in kurzen Abständen Neues beginnen und vergessen darüber öfters, bereits erfolgreich Begonnenes zu pflegen. Das endgültige Ziel darf also ruhig offenbleiben; meist
genügt es, darüber zu reden, woran der Beziehungstyp merkt,
dass er auf dem richtigen Weg ist. Oder man kann über kleine,
konkrete Schritte sprechen, die aktuell anstehen und ihn dabei
begleiten. Oft wird sich zeigen, dass hinter scheinbar großen
Problemen eine einfache Lösung wartet.

3. Zuletzt können Kompetenzen, die zum Thema gehören,
noch einmal detailliert besprochen werden. Auch eine Umbenennung des Problems oder der Situation kann hilfreich sein.
Ein gewisses Maß an Zweifel oder liebevoller Kritik wird von
Beziehungstypen in der Regel gut verwertet. Sie lassen sich
leicht auf Vergleiche, Bilder oder Metaphern ein. Heilsam für
Beziehungstypen ist erfahrungsgemäß, dass sie das, was sie
erleben, als 'normal' begreifen. Wenn man dazu einen Beitrag
leisten kann, sollte man es versuchen. Nicht vergessen werden
darf die Ressource 'Zeit' für den Beziehungstyp. Alles, was
damit zusammenhängt - auch existenzielle Themen, Geld, das
Dasein usw. – kann ihm weiterhelfen. Falls er diese Aspekte
vergisst, nützt es, ihn daran zu erinnern[21].

Psychographische Typanalyse

Die meisten Wissenschaften beschäftigen sich mit einem Gegenstand, der außerhalb des Wissenschaftlers zu finden ist. Außerdem handelt es sich dabei häufig um Forschungsobjekte, die sichtbar oder messbar sind. In der Persönlichkeitspsychologie und speziell in der Psychographie geht es aber um etwas anderes: Das naheliegendste Forschungsobjekt, unsere *eigene* Persönlichkeitsstruktur, ist uns so nah und vertraut, dass wir sie kaum bewusst wahrnehmen können. Fachliche Unterstützung kann daher durchaus sinnvoll sein. Einem entsprechend ausgebildeten Gegenüber gelingt es leichter, die in der Psychographie entscheidenden feinen Unterschiede zwischen Bevorzugungen und Vernachlässigungen (d.h. die individuellen Gewichtungen) wahrzunehmen.

Die psychographische Typanalyse ermöglicht idealerweise das Erkennen der Bevorzugungen in den typentscheidenden Bereichen. Zuerst wird der Grundtyp in einem konsensuellen Prozess ermittelt. Das heißt, weder die objektive Einschätzung der Fachkraft noch die subjektive Zuordnung des Klienten sind entscheidend. Vielmehr wird gemeinsam die Bevorzugung auf der Grundebene ermittelt und das Ergebnis anhand des subjektiven Erlebens überprüft (vgl. S. 33).

Danach wird der Untertyp durch die entsprechende Bevorzugungsanalyse ermittelt. Dazu ist ein längeres Gespräch und eventuell ein gewisser Selbstbeobachtungsprozess des Klienten erforderlich. Das Ziel ist die Zuordnung zu einem der 81 Persönlichkeitstypen (vgl. S. 97ff.). Dann stehen dem Klienten auf vier Ebenen je eine Bevorzugung, eine Ressource und ein Kontrolleur zur Verfügung. Oft lassen sich aus dem Persönlichkeitsprofil auch individuelle Schlüsselsätze formulieren (vgl. S. 27).

Drittens schließlich kann in einem längeren Beobachtungsprozess eine noch differenziertere Analyse stattfinden. Sie macht weitere Bevorzugungen und Ressourcen bewusst (siehe S. 110ff.). Als Einstieg wird jedoch die zweite Stufe der Typanalyse meistens als ausreichend erlebt.

Typgerechte Pädagogik

—> typgerechtes Pacing

Bisher gehen die meisten Unterrichtsmethoden von einer mehr oder weniger einheitlichen Persönlichkeitsstruktur aller Schüler aus. Aus psychographischer Sicht zeigt sich aber, dass die unterschiedlichen Bevorzugungen einen starken Einfluss auf den Unterrichtsstil der Lehrer und auf das Lernverhalten der Schüler ausüben. Den daraus entstehenden Interaktionen sind manche Beobachtungen zuzuschreiben, die im Schulalltag zu Schwierigkeiten führen[22].

Eine Rücksichtnahme auf den Persönlichkeitstyp der Schüler von Seiten der Lehrkräfte hat zur Folge, dass deren typische Stärken genutzt und die ebenso typischen Schwachstellen trainiert werden können. So werden etwa Beziehungstyp-Schüler besonders zur Konzentration und zur genauen Analyse eines Themas aufgefordert. Sachtyp-Schülern dagegen wird vor Augen gehalten, was sie bereits durch ihre Tätigkeit an Erfolgen erzielt haben, um sie für neue Ziele zu motivieren. Oder man ermutigt sie, kurze Referate zu halten, damit sie Erfahrungen mit der Anwendung von theoretischem Wissen machen können. Handlungstyp-Schülern tut es gut, wenn man ihren Drang nach Perfektion nicht noch zusätzlich anstachelt, sondern eher ihre spielerischen und kreativen Ansätze fördert. Auch der Satz "Es ist genug so." kann ihnen helfen.

Besondere Bedeutung hat das typgerechte 'Pacing' der Schüler. Dieses hilft dem Lehrer, sich nicht unnötig in Auseinandersetzungen und 'Spielchen' zu verstricken, indem er typische Äußerungen und Verhaltensmuster erkennt. Dann kann er sich – in kooperativer Absicht – darauf einlassen und so den Schüler aus seinem störenden Verhaltensmuster herausleiten.

Das Wissen um den eigenen Persönlichkeitstyp ist auch für den Lehrer selbst von Vorteil. Zwar sind Schwachstellen allein dadurch noch nicht ausgeglichen; sie können aber gezielter angegangen und präventiv trainiert werden.

Typgerechte Psychotherapie

In der 'Integrierten Kurztherapie' entwickelte D. FRIEDMANN die Grundlagen einer typgerechten Psychotherapie. Er formulierte Leitlinien, die Therapeuten helfen können, die natürlichen, typspezifischen Lösungswege der drei Persönlichkeitstypen zu unterstützen – und nicht nur auf (angeblich) allgemein gültige Therapierichtlinien oder auf eigene Erfahrungen zu vertrauen.

Bewährt hat sich für den therapeutischen und beratenden Kontext daraus auf jeden Fall die Förderung von typspezifischen Lösungsansätzen der Klienten, bei denen die jeweiligen Ressourcen genutzt und für die Bewältigung von Schwierigkeiten eingesetzt werden. Es zeigt sich, dass viele Probleme, deretwegen Klienten einen Therapeuten oder Berater aufsuchen, auf die Nicht-Nutzung von Ressourcen zurückzuführen sind. Sind typspezifische Schwachstellen/Ressourcen erkannt, fällt es leicht, diese gezielt zur Problemlösung einzusetzen. So werden aus scheinbar zufälligen Ausnahmen wiederholbare Lösungen.

Durch die gemeinsame Beschreibung derart typspezifischer Lösungsmuster erhalten Klienten dann eine Art 'Rezept', dessen Anwendung in den unterschiedlichsten Lebenslagen von Nutzen sein kann. So hilft etwa einem Denker das Wissen um seine Ressource 'Machen' unabhängig von der Problemstellung. Sowohl die Verstrickung in seine Gedankengänge als auch negative Gefühle können durch 'Machen' verändert werden.* Immer wieder zeigen sich Klienten überrascht, wie einfach ihnen durch die Nutzung ihrer typspezifischen Ressourcen die Bewältigung von alltäglichen Schwierigkeiten gelingt.

Konkurrenz mit anderen Modellen

Eine Aufgabe der Psychographie kann das Ergänzen oder Ersetzen anderer Modelle zur Persönlichkeitsunterscheidung sein. Auch unter Modellen oder Vorstellungen herrscht so etwas wie ein evolutionärer Wettbewerb. Dieser zieht sich jedoch über sehr lange Zeiträume hin und es kommt vor, dass bestimmte Vorstellungen bei einzelnen Personen oder in bestimmten Gruppen trotz besserer Alternativen weiter gepflegt werden. Manchmal sind auch die 'Zweitnutzen' eines längst überholten Modells (z. B. wirtschaftliche Aspekte oder emotionale Bindungen) der Garant für dessen Fortbestehen.

Ein geschichtliches Beispiel für dieses Phänomen ist die Verwendung der römischen Ziffern (I, II, III, IV, V etc.). Diese wurden durch die geeigneteren arabischen Ziffern (1, 2, 3, 4, 5 etc.) nach und nach ersetzt. Trotzdem sieht man bis heute auf Uhren (etwa an Kirchtürmen oder bei Sonnenuhren) häufig noch die alte Schreibweise. Ein Gegenbeispiel ist die Farbenlehre, wo sich der von GOETHE propagierte Farbenkreis heute allgemein durchgesetzt hat, obwohl er nicht optimal ist.

---

* Hier sehen wir eine 'lösungsrelevante Diagnose' (des Persönlichkeitstyps) und einen typspezifischen Universalschlüssel. 'Lösungsrelevante Diagnosen' stehen im Gegensatz zu solchen Diagnosen, aus denen sich keine spezifischen Lösungsansätze ableiten lassen. Bei vielen körperlichen Beschwerden haben sich genaue Diagnosen jedoch bewährt.

Zu den Persönlichkeitsmodellen, mit denen die Psychographie fast zwangsläufig in Konkurrenz tritt, gehören z.B.:

- die verschiedenen krankheitsorientierten psychiatrischen Unterscheidungskataloge (Zwanghafte, Depressive ...)
- Typologien wie das Enneagramm, die zwar nützliche Teile enthalten, insgesamt aber wenig systematisch sind
- die astrologische Einordnung von Menschen nach deren Geburtsdaten und dem Stand einzelner Gestirne
- Pseudo-religiöse Modelle (wie 'Scientology'), in denen die Persönlichkeitsentwicklung von quasi-therapeutischen Beziehungen abhängig gemacht und mit hohem zeitlichem und finanziellem Aufwand erkauft werden soll; häufig basieren diese auch auf angeblich 'geheimem' Insiderwissen
- die bisherigen homöopathischen Konstitutionstypen; sie enthalten viel Nützliches, ihnen fehlt aber die logische Gliederung und ein verständliches Zuordnungsmuster; zudem sind sie in der Regel aus der Krankenbeobachtung entstanden, was zu einseitigen Typenbildern führt (gesunde Menschen lassen sich damit kaum einem Typ zuordnen)
- die Typenlehre von HIPPOKRATES bzw. GALEN, die aus einer angenommenen Säfteverteilung Charakterbilder ableitet (Melancholiker, Sanguiniker, Choleriker, Phlegmatiker)
- Modelle, die auf dualistischen Gegenüberstellungen aufbauen, wie z. B. 'introvertiert – extravertiert'
- alle Vorstellungen, die von einer aufwärts gerichteten Persönlichkeitsentwicklung anhand *eines* idealen Vorbildes (Gurus, Meisters, etc.) ausgehen und infolgedessen in 'weiter entwickelte' und 'weniger entwickelte' Persönlichkeiten unterteilen, ohne die typspezifischen Prozesse zu beachten
- Anschauungen, die in 'gute' und 'schlechte' bzw. 'gesunde' und 'kranke' Persönlichkeiten unterscheiden und dabei feste Vorstellungen von '*der* guten' oder '*der* gesunden' Persönlichkeit propagieren; diese sind in der Pädagogik und Erziehungslehre des öfteren anzutreffen und basieren meist

auf dem Idealbild eines einzelnen Typs; andere werden so
leicht in die Rolle der unperfekten Persönlichkeit gedrängt
- Weltbilder, in denen wesentliche Persönlichkeitsmerkmale
dem Unterschied zwischen Männern und Frauen zuge-
schrieben werden (»Männer sind anders. Frauen auch.
"Männer sind vom Mars. Frauen von der Venus."« etc.)
- aus dem christlichen Verständnis hergeleitete Unterscheidungen von Individuen, z.b. in 'erlöste' und 'unerlöste'
Persönlichkeiten (wie in manchen Enneagramm-Büchern)
- solche Vererbungslehren, die auch persönlichkeitstypische
Merkmale aus den genetischen Vorgaben herleiten; nach
den bisherigen psychographischen Erkenntnissen geschieht
die Typenbildung mit ihren weitreichenden Konsequenzen
vermutlich zufällig, ohne Zutun von Genen oder Erziehung.

Künftige Anwendungsmöglichkeiten

Weitere Felder zur Anwendung der Psychographie finden
sich überall dort, wo es um den Umgang mit Menschen geht,
z.b. in den Bereichen Medizin, Erziehung, Seelsorge, Sozial-
arbeit, Förderung von Kindern und Jugendlichen, Personalpolitik, Diplomatie, Sportpsychologie, Partnerwahl, Werbung,
Verkaufspsychologie, Selbsthilfegruppen, Modeberatung, Kriminalistik, Politik, usw.

Das psychographische Modell entfaltet nur in Kombination
mit den jeweiligen Aufgaben seine Wirkung. Fachleute aus
den unterschiedlichsten Bereichen, die sich mit dem psychographischen Wissen vertraut gemacht haben, sind daher auch
die geeignetsten Personen, ihre Kollegen in dieser Richtung
weiterzubilden. Die Psychographie ist als 'Meta-Modell' mit
der Mathematik vergleichbar. Auch sie ist für sich genommen für viele Menschen langweilig, im alltäglichen Leben möchte
aber kaum jemand mehr auf sie verzichten.

IV. Psychographie lernen - Erfahrungen und Anleitungen

Unterricht in psychographischer Menschenkenntnis

Lerngruppen und Trainingsgruppen

Psychographische Abende

Psychographie-Initiative

Psychographie-Tag

Eigenstudium und Eigennutzung

Unterricht in psychographischer Menschenkenntnis

D. FRIEDMANN unterrichtete sein psychographisches Modell seit Anfang der 1990er Jahre an verschiedenen Studienorten der 'Deutschen Paracelsus Schulen' (DPS). Besonders im Unterrichtsfach 'Persönlichkeitspsychologie' sowie in der praktischen Einübung von Beratungsgesprächen nahm er Bezug auf die Persönlichkeitstypen. Auch für andere Dozenten wie W. WINKLER und CH. ROLLER wurde die Psychographie fester Bestandteil ihrer Lehrinhalte[23].

Auf diversen Psychotherapie-Symposien der DPS stellten Friedmann und seine Schüler die Psychographie sowie deren therapeutische Anwendungsmöglichkeiten vor.

An der 'Familienbildungsstätte' in Waiblingen finden regelmäßig Seminare zum Thema Psychographie statt. Diese werden bevorzugt von Eltern und Erzieherinnen besucht. Auch an manchen Volkshochschulen gibt es Kurse.

Ideale Bedingungen zum Erlernen und Einüben der psychographischen Menschenkenntnis bieten kleine Trainingsgruppen. Hier treffen sich drei bis vier TeilnehmerInnen mit dem Trainer/der Trainerin zum Unterricht und Austausch. Die kleinen Gruppen und der persönliche Kontakt ermöglichen ein direktes Lernen am anderen zusätzlich zur Theorie. Ein Beispiel dafür ist das unter dem Namen 'Winkler-Training' angebotene psychologische Kompetenztraining; darin spielt das Thema 'Psychographie' eine zentrale Rolle[24].

Auf Anfragen von Interessenten (z. B. aus dem psychosozialen Bereich oder von Elterngruppen) bieten Mitglieder der Psychographie-Initiative gezielten Unterricht und Training zum Erlernen der Psychographie an[25].

Lerngruppen auf Gegenseitigkeit

Für das Erlernen der psychographischen Menschenkenntnis haben sich Lerngruppen auf Gegenseitigkeit als besonders wertvoll erwiesen. Diese bestehen aus drei bis fünf Teilnehmern, die sich über längere Zeit regelmäßig treffen.

Lerngruppen gibt es beispielsweise unter den Studierenden der Deutschen Paracelsus Schulen. Sie dienen dort dazu, den Unterrichtsstoff zu wiederholen, gemeinsam Fragen zu diskutieren oder Beratungsgespräche zu trainieren. Dabei hat sich gezeigt, dass das Kennen und Erkennen der unterschiedlichen Persönlichkeitstypen die psychologische Kompetenz und die Wirksamkeit von therapeutischen Interventionen deutlich verbessert. Die Psychographie hilft hierbei zu typgerechtem und damit passgenauerem Vorgehen.

Durch den regelmäßigen Austausch in diesen Lerngruppen lernen die Teilnehmer, die Andersartigkeit der Studienkollegen auch aus psychographischer Sicht zu interpretieren. Dies führt dazu, dass Vorurteile reduziert und eine wache, toleranzbereite Offenheit für den anderen angeregt wird.

Außerdem basieren Lerngruppen auf dem Prinzip der Gegenseitigkeit, d.h., niemand braucht etwas zu bezahlen oder eine definierte Leistung zu erbringen, für die er bezahlt wird. Dies erleichtert ebenfalls den Zugang zur Persönlichkeit des anderen, weil weniger Rollenerwartungen entstehen.

In Trainingsgruppen dagegen, die sich aus einem bezahlten Trainer und zahlenden Teilnehmern zusammensetzen, fällt diese Gegenseitigkeit weg. Deshalb ist es nützlich, dass sich die Teilnehmer solcher Trainingsgruppen parallel zu einer Lerngruppe auch ohne Trainer treffen, um sich auszutauschen.

Psychographische Abende

Als Forum für den Erfahrungsaustausch finden in unregelmäßigen Abständen so genannte 'Psychographische Abende' statt. Diese werden in privatem Rahmen von Mitgliedern der Psychographie-Initiative veranstaltet; die Teilnehmer werden von den jeweiligen Gastgebern gezielt dazu eingeladen.

Psychographische Abende finden ohne festen Programmablauf statt. Neben dem Austausch aktueller Beobachtungen und Erfahrungen bleibt so genügend Zeit für das sich ergebende Gespräch. Dies ermöglicht den Teilnehmern, ihr Wissen über die einzelnen Persönlichkeitstypen am anderen zu überprüfen oder zu erweitern. Ein nicht unerheblicher Teil des bisher entwickelten psychographischen Wissens entstammt diesen Gesprächsrunden, so dass selbst langjährig mit der Psychographie Befasste von dieser Art des Austausches profitieren.

Beim Zusammenstellen der Gästeliste wird darauf geachtet, dass sich zumindest einige der Anwesenden bereits kennen. Die verschiedenen Persönlichkeitstypen sollten etwa gleichmäßig vertreten sein; ebenso hat sich eine Mischung unterschiedlich erfahrener Psychographie-Anwender für einen gelungenen Abend bewährt.

Für den Nutzen dieses Forums spricht sicherlich auch die Tatsache, dass manche Teilnehmer lange Fahrtzeiten aufwenden, um ein solches Treffen besuchen zu können[26].

Die Psychographie-Initiative e.V.

Am 5. Dezember 1998 trafen sich in Stuttgart einige Psychographie-Anwender, um die Gründung eines Vereins vorzubereiten (B. Beck, D. Friedmann, G. Hiller, A. Kohlmüller, Ch. u. B. Roller, U. Schuwerk, M. Schwarz, W. Winkler, J. u. A. Zimmermann). Als Ziele des Vereins wurden u. a. formuliert:

- *die Förderung derjenigen Mitglieder, die sich der Psychographie widmen*

- *die Bildung von Foren, die Austausch, Vermittlung und Weiterbildung der Mitglieder ermöglichen*

Die Gründungsversammlung fand am 16. Januar 1999 ebenfalls in Stuttgart statt. Eine von Rechtsanwalt B. Roller und A. Zimmermann vorbereitete Satzung wurde diskutiert und ergänzt, der Vereinsname wurde unter mehreren Alternativen ausgewählt sowie der erste Vorstand gewählt (C. Roller, U. Schuwerk, W. Winkler). Gründungsmitglieder waren: B. Beck, M. Faschian, U. Horvat-Strecker, A. Oehling, B. und C. Roller, T. Schmitt, U. Schuwerk, M. Schwarz, W. Winkler, A. und J. Zimmermann. Anwesend war auch D. Friedmann.

Um dem Vereinszweck gerecht zu werden, beschloss der Vorstand, jährlich zu einem 'Psychographie-Tag' einzuladen. Es wurde eine Internet-Seite entwickelt (www.psychographie-initiative.de), die Basis-Informationen enthält und ständig aktualisiert wird. Zur Qualitätssicherung wurde außerdem für Vereinsmitglieder die Möglichkeit geschaffen, sich als 'Dozent/in für Psychographie (PGI)' zertifizieren zu lassen. Damit werden fachspezifische Arbeiten zur Psychographie angeregt und der Erfahrungsschatz der Psychographen allgemein zugänglich gemacht.

Neben diesen Aktivitäten versteht sich die Psychographie-Initiative als 'Bewahrer' des psychographischen Wissens und als Anlaufstelle für Interessierte. Sie begleitet die Weiterentwicklung der Psychographie und deren Umsetzung in verschiedene Anwendungen, z.b. indem sie diese den anderen Mitgliedern vorstellt und der Diskussion aussetzt. Ein Forum dafür ist die seit März 2001 dreimal jährlich erscheinende Zeitschrift 'PSYCHOPRAKTIKA'. Außerdem bilden sich immer mehr Arbeitskreise, die sich mit speziellen Aspekten und Anwendungen der Psychographie befassen (vgl. S. 205)[27].

Der Psychographie-Tag als Fachkongress

Seit dem Gründungsjahr der Psychographie-Initiative 1999 findet jährlich der 'Psychographie-Tag' als Fachkongress statt. Diese Veranstaltungen stellen das jeweils aktuelle Schaufenster der psychographischen Anwendung dar. Anhand der bisherigen Tagungsprogramme lässt sich aufzeigen, welche Entwicklung die Psychographie seither genommen hat.

Der erste Psychographie-Tag fand am 11. September 1999 in Stuttgart statt. Die Themen waren: "Psychographische Unterstützung von Kindern und Jugendlichen bei der Entfaltung ihrer Persönlichkeit" (Ch. Roller), "Kommunikation im Betrieb – welchen Nutzen verspricht die Psychographie?" (U. Schuwerk), "Psychographie im Beratungsgespräch" (W. Winkler) und 'Enneagramm und Psychographie – Mehr Sicherheit im Erkennen der Persönlichkeitstypen" (D. Friedmann).

Der zweite Psychographie-Tag fand am 30. September 2000 wieder in Stuttgart statt: Die Themen waren: "Die drei Persönlichkeitstypen und ihre Lebensstrategien" (D. Friedmann), "Erfahrungen mit der Psychographie in der psychologischen

Beratung" (R. Abao), "Wer kann wie mit wem? Beziehungen zwischen den 81 Untertypen" (W. Winkler) und "Typgerechter, lösungsorientierter Umgang mit Kindern" (Ch. Roller).

Auf dem dritten Psychographie-Tag am 13. Oktober 2001 in Stuttgart wurden 12 Themen angeboten, u. a.: "Basiswissen Psychographie" (A. Carle), "Die Entdeckung der drei Persönlichkeitstypen als Spiegel der Wirklichkeit" (D. Friedmann), "Wie können die Aspekte der Persönlichkeit weiter differenziert werden?" (W. Winkler); Gesprächsforen: "Psychographie in der psychologischen Beratung" (R. Abao, G. Hiller), "Psychographie im schulischen Alltag" (D. Bühr, H. Hägele), "Kinder typgerecht fördern und erziehen" (S. Freier, Ch. Roller). Außerdem werden als praktische Anwendungen die typgerechte Psychotherapie (D. Friedmann) und die Typanalyse/Typberatung (W. Winkler) demonstriert. Auch künftig soll jährlich ein Psychographie-Tag stattfinden; die jeweils aktuellen Termine finden sich im Internet (s. Seite 205)[28].

Eigenstudium und Eigennutzung

Selbstverständlich kann das psychographische Wissen auch im Eigenstudium vertieft und genutzt werden. Für private Studien bietet sich dabei jede Gelegenheit zur Beobachtung anderer Menschen an, insbesondere im eigenen sozialen Umfeld. Ebenso kann man für sich selbst das Wissen um den eigenen Typ, die Ressourcen-Schlüsselsätze und die Triaden (vgl. S.83ff.) nutzen; auch sind die typgerechte Haltung im Umgang mit Problemen und die Möglichkeiten effektiver Lösungen mit Hilfe des Leitdreiecks von Vorteil. Wer in einer Familie lebt oder mit Kollegen arbeitet, wird eine Veränderung bemerken, je mehr das Wissen um die Unterschiede zu mehr Verständnis führt. Ideal für den Austausch ist, wenn sich Partner im täglichen Gespräch darüber unterhalten können.

V. Anhang - Vertiefungen und Ergänzungen

Die Triaden: drei Alternativen statt Gegensätze

Flava, Blua, Ruga –
mehr als eine fachsprachliche Typbenennung

Das Zeichnen und die Systematik
der Psychogramme

Psychogramme aller 81 Untertypen

Die Liste der 'Idealpartner'

Differenzierte Typanalyse auf drei Stufen

Auswirkungen der Psychographie im Alltag

Typerkennung – wie kann man das lernen?

Das Rätsel der Typentstehung

Begriffe rund um die Psychographie von A -Z

Fragen zur Lernkontrolle

Offene Fragen in der Psychographie

Die Triaden: drei Alternativen statt Gegensätze

Die Grundgedanken der Psychographie basieren nicht auf *Gegensatzpaaren* (schwarz-weiß, gut-böse, Mann-Frau usw.), sondern auf *Triaden*. Schon sehr früh in der Philosophiegeschichte hat der 'Trialismus' als Alternative zum 'Dualismus' Befürworter gefunden. Dieser Ansatz wurde aber durch Lehren der griechischen, der jüdisch-christlichen und der chinesischen Philosophie, die zum Teil auf dualistischen Vorannahmen aufbauen, in den Hintergrund gedrängt.

Trotzdem hat sich die Idee einer Dreiteilung in vielen Weltanschauungen erhalten: in der christlichen Theologie ('Dreieinigkeit'), der Bhagavad Gita (drei 'Gunas'), im indischen Yoga (das 'Drei-Kreis-Symbol'), im Hinduismus (die drei Gottheiten 'Brahma, Vishnu und Shiva') und bei LAO-TSE*. In der Physik unterscheidet man drei Aggregatzustände (flüssig, fest, gasförmig), in der Mathematik drei räumliche Ausdehnungen (Länge, Breite, Höhe) und in der Farbenlehre drei Grundfarben (blau, rot, gelb). Die deutsche Sprache kennt drei Geschlechter (männlich, weiblich, sächlich). Diese Liste ließe sich noch um einiges verlängern; der Künstler und Philosoph JANOSCH fasste es so: "Im Grunde genommen könnte man alles in drei Kategorien teilen."**

Bei der Suche nach den 'Dritten Alternativen' geht es darum, eine bestimmte Ebene des Erlebens nach allen Richtungen auszuschöpfen, alle Möglichkeiten wahrzunehmen. Gelingt uns dies nicht, bleibt der 'blinde Fleck'. NEIL POSTMAN schreibt: "Stagnation tritt ein, wenn nichts Neues und Unterschiedliches von außen in das System eintritt."

---

* "Das Eine schafft die Zwei, die Zwei schafft die Drei: Die Drei aber schafft die abertausend Geschöpfe." Tao-te-king, 42.Spruch; dt. von Jan Ulenbrook (in Tao-tê-king, UB20067)
** Janosch: Wörterbuch der Lebenskunst, zum Stichwort: Menschen (Goldmann 44864)

FRIEDMANN nannte Menschen, die nur zwei von drei Möglichkeiten in Betracht ziehen, "zweidimensionale Persönlichkeiten". Der Dichter ERICH FRIED riet denjenigen, die sich im *Zwie*spalt (!) zwischen Kopf und Herz gefangen sehen, "geh zwischen beiden den heimlichen Weg".

Triaden bieten Gelegenheit, auf die Ausgewogenheit zwischen den darin zusammengefassten Lebensmöglichkeiten zu achten. Die Beobachtung zeigt, dass es meist nur eine von drei Möglichkeiten ist, die wir zu wenig wahrnehmen. Hat man in einer Triade seine Bevorzugung erkannt, gilt die bekannte Abfolge (vgl. S. 30):

Bevorzugung –> Vernachlässigung –> Ergebnisbereich
(Stärke)   (Ressource)   (Kontrolleur)

Manchen Teilnehmern von Psychographie-Seminaren gelingt es leichter, ihre individuellen Bevorzugungen (Stärken) zu erkennen, andere finden schneller ihre Vernachlässigungen (Ressourcen) heraus.

Die Triaden werden hier als Kreis mit drei Stationen dargestellt (so dass der Charakter der 'unendlichen Schleife' deutlich wird). Zusätzlich gibt es als Möglichkeit zur Niederschrift der individuellen Reihenfolge neben jeder Triade drei leere Felder. Es ist sinnvoll, diese Seiten zuerst (vergrößert) zu kopieren und nur mit Bleistift auszufüllen, bis man aus der täglichen Selbstbeobachtung sicher wird.

Mit jeder Triade, in der man die eigene Gewichtung bzw. Abfolge erkennt, wachsen Selbsterkenntnis und Problemlösungskompetenz; vor allem können so individuelle Schwachstellen vorbeugend und gezielt trainiert werden.

Zuerst noch einmal die vier Triaden, aus denen der psychographische Persönlichkeitstyp abgeleitet werden kann (die Ziffern in den Triaden dienen zur Unterscheidung und schnelleren Orientierung).

Als Überschriften zu den rechten Feldern wurden die Funktionsbezeichnungen gewählt (vgl. S. 30).

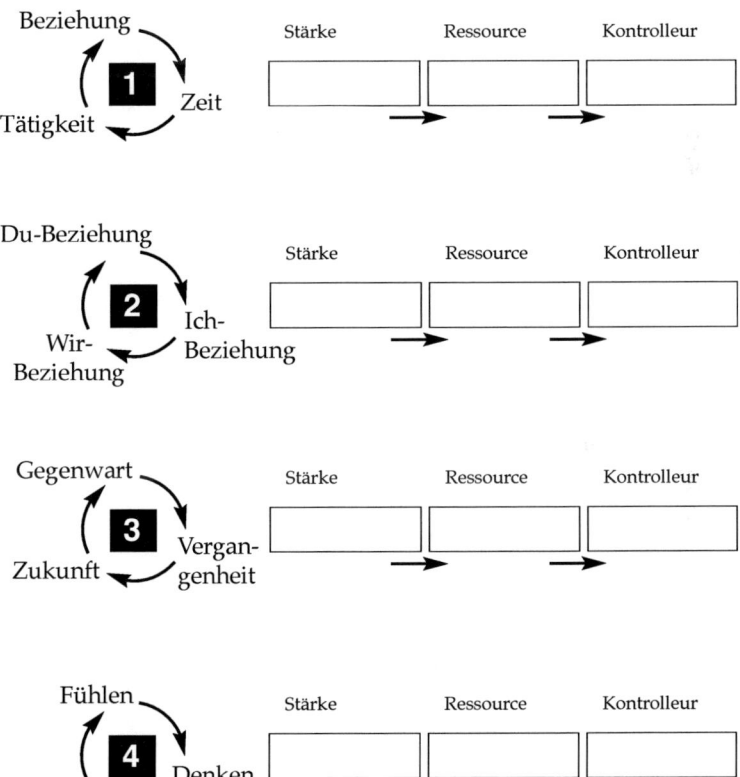

Um die Anwendungsmöglichkeit der Triaden am Beispiel zu verdeutlichen, füllen wir die ersten vier davon für Herrn H. (von S. 25) aus. Herr H. gehört zu den Handlungstypen, zu den Denkern, er bevorzugt die Zukunft und Du-Beziehungen. Die ausgefüllte Tabelle würde für ihn deshalb so aussehen:

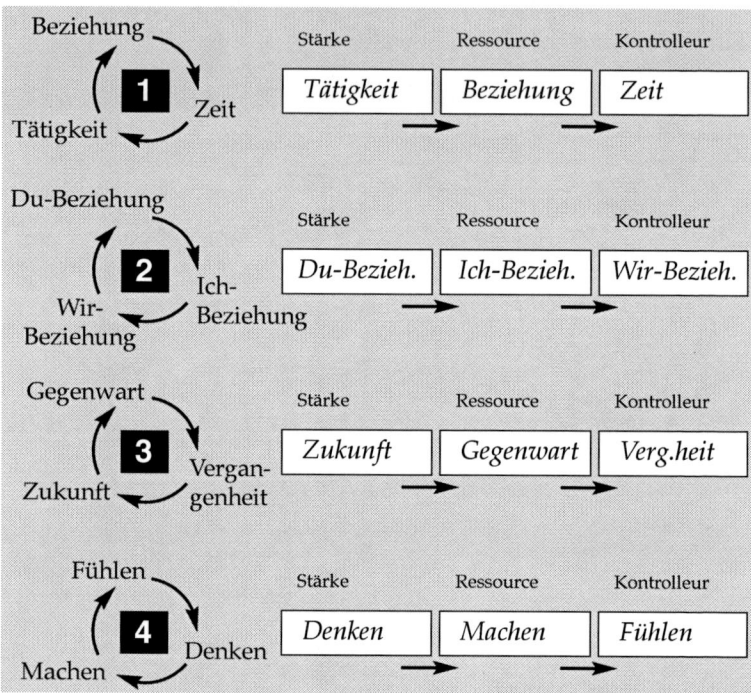

Neben diesen typrelevanten Mustern könnte man auch mit Herrn H. auf den folgenden Seiten noch weitere Stärken und Ressourcen entdecken. Diese lassen sich aber nicht aus dem Grundtyp ableiten, sondern müssen einzeln bedacht werden*.

---

* Es hat sich jedoch gezeigt, dass Handlungstypen ab Triade Nr. 5 gehäuft die linke Möglichkeit bevorzugen, Beziehungstypen die obere und Sachtypen die rechte. (die Erklärung dazu folgt ab S. 91)

Nun eine Reihe weiterer Triaden, jeweils mit der Möglichkeit, rechts in die Felder die eigene Gewichtung einzutragen:

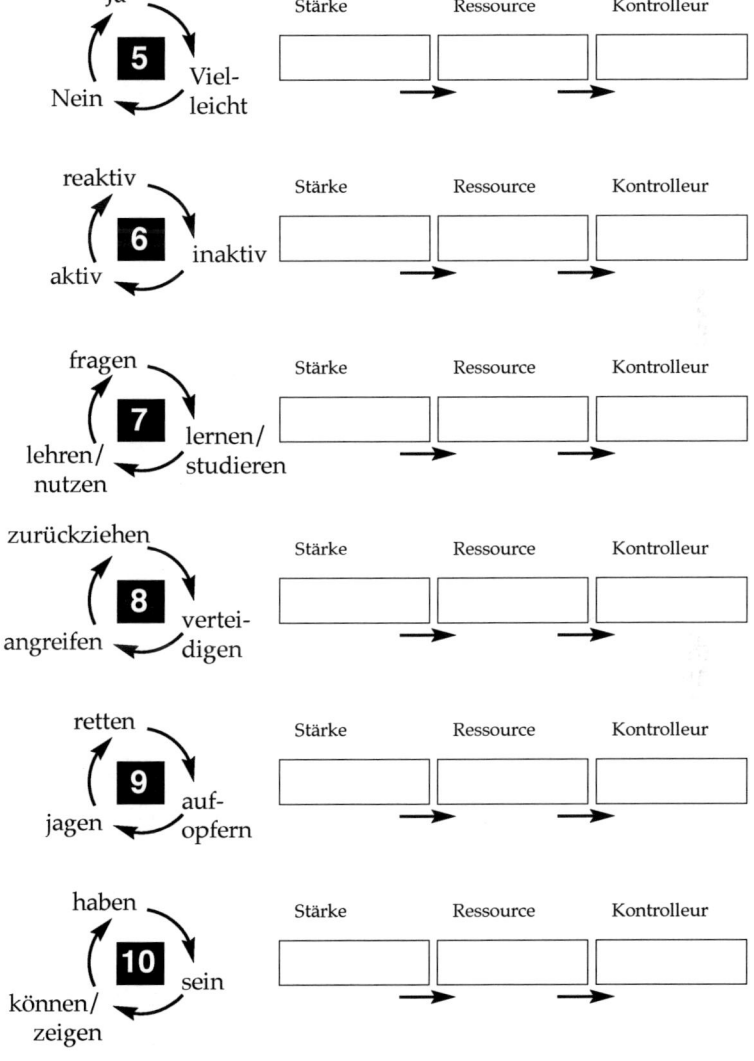

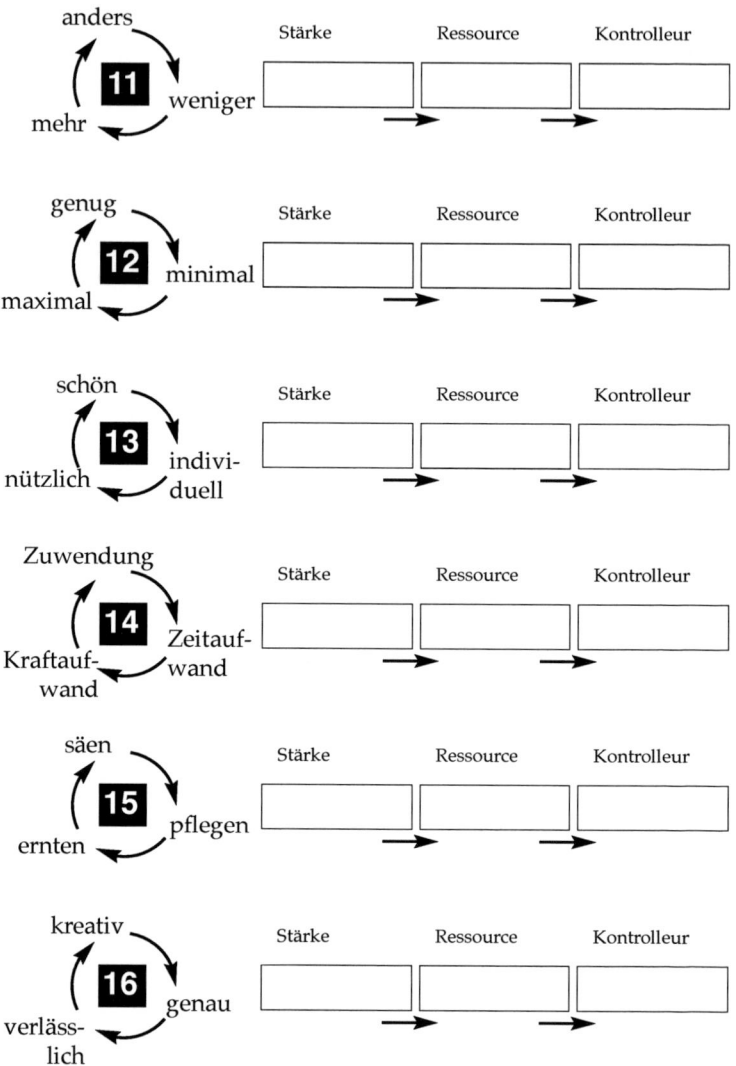

anders

11 weniger

mehr

Stärke	Ressource	Kontrolleur

genug

12 minimal

maximal

Stärke	Ressource	Kontrolleur

schön

13 indivi-duell

nützlich

Stärke	Ressource	Kontrolleur

Zuwendung

14 Zeitauf-wand

Kraftauf-wand

Stärke	Ressource	Kontrolleur

säen

15 pflegen

ernten

Stärke	Ressource	Kontrolleur

kreativ

16 genau

verläss-lich

Stärke	Ressource	Kontrolleur

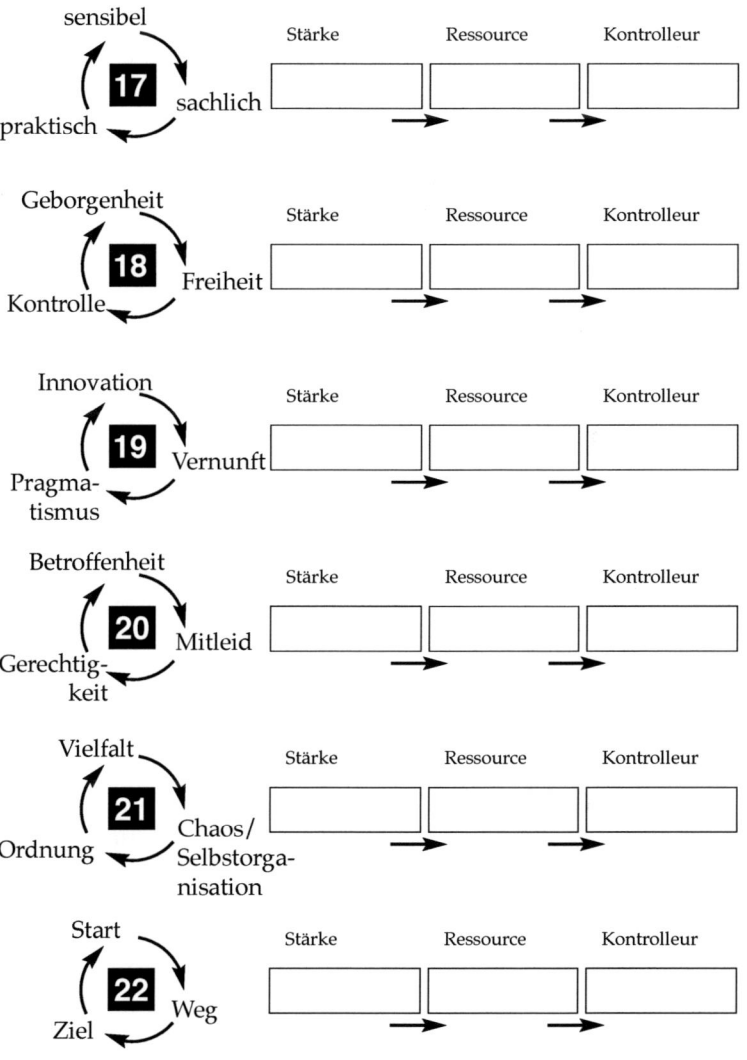

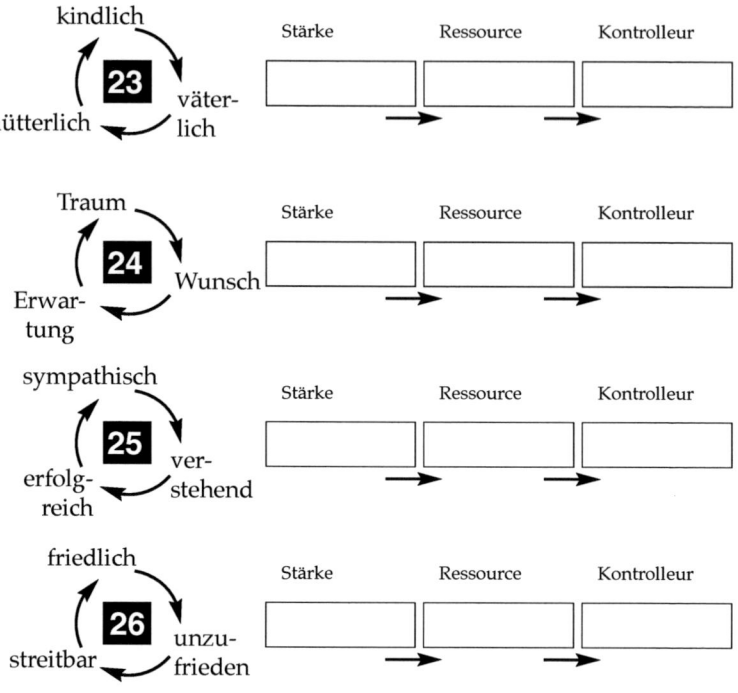

Die Triaden-Begriffe lassen sich auch innerhalb der Triade 'Adjektive/Substantive/Verben' verändern. Die Triade 26 würde übertragen in Substantive dann beispielsweise heißen:

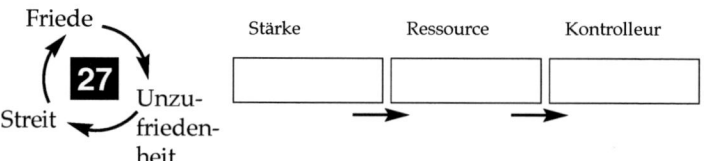

Manchmal finden sich so Begriffe, die für den Einzelnen passender oder stimmiger sind.

Flava, Blua, Ruga – mehr als eine fachsprachliche Typbenennung

Die Reihenfolge und Stellung der Triaden-Begriffe im Kreis sind nicht zufällig. Sie folgen einer bestimmten Logik, denn jede der drei Ecken repräsentiert einen unterschiedlichen Charakter. Diese drei Charaktere wurden von WINKLER 1999 mit den Farbnamen für Gelb (Flava), Blau (Blua) und Rot (Ruga) aus der Kunstsprache Esperanto benannt[29].

Weil die von der Psychographie beachteten Unterschiede relativ neu sind und keine allgemein verständlichen Begriffe vorhanden waren, wurden diese selten benutzten Bezeichnungen zu Hilfe genommen. Nur durch passende, unbelegte Begriffe lässt sich eine neue Erkenntnis, wie sie das psychographische Modell eröffnet, in geeigneter Weise darstellen. Die Grenzen der jeweils aktuellen Welterfahrung wurden auch in der Vergangenheit (z.B. in der Quantenphysik) häufig erst durch eine neue Begriffswelt überschritten - die sprichwörtlichen "neuen Schläuche für den neuen Wein" (vgl. S. 166).

Der Vergleich der psychographischen Unterscheidung mit der Unterscheidung von Farben ist nahe liegend: Auch die Fähigkeit, über Farben zu reden entsteht erst durch deren sprachliche Unterscheidung und einheitliche Benennung (mit einer fremdsprachigen Person ist das Gespräch über Farben kaum möglich). Dazu passt die Erkenntnis LUDWIG WITTGEN-STEINS, "Die Grenzen meiner Sprache bedeuten die Grenzen meiner Welt".

Da die Farbigkeit von Gegenständen für viele Vorgänge jedoch ohne Bedeutung ist, wird sie manchmal einfach ignoriert. Wenn etwa zwei Autos ineinander fahren, könnte im Polizeibericht die Wagenfarbe missachtet werden, ohne dass etwas Entscheidendes fehlt. Hat aber ein Beteiligter Unfallflucht begangen und ist das Kennzeichen nur teilweise bekannt, kann das Wissen um die Farbigkeit einen Vorteil bedeuten. So ist es auch mit der Psychographie, also beim Versuch, das Phänomen der vorhandenen – aber unsichtbaren und nicht greifbaren – Persönlichkeitsstruktur mit Hilfe von Worten zu fassen und kommunizierbar zu machen.

Die Unterscheidungsmerkmale und die unterschiedlichen Typen gibt es hier – wie die Namen für Farben – nur in unserer Vorstellung. Für den, der sich diese nicht zu eigen macht, gibt es sie somit tatsächlich nicht. Man sieht und beachtet erfahrungsgemäß nur das, was man kennt und benennen kann. Wenn sich also mehrere Menschen auf ein gemeinsames Modell beziehen, wird es für sie damit 'wirklich'. Poetisch drückt es JANOSCH aus: "Wenn zwei untereinander Brüder sind, dann sind Gedanken so wirklich wie Steine."*

So gesehen reichen bereits zwei Personen aus, die sich darauf einigen, die Dinge auf eine bestimmte Weise zu sehen, um eine 'Wirklichkeit' zu erschaffen. Der Miterfinder des 'Neurolinguistischen Programmierens' (NLP), RICHARD BANDLER, gibt dazu den Rat: "Wenn Sie eine neue Realität erfinden, sorgen Sie dafür, dass sie diese mit einigen Freunden teilen können, sonst geraten Sie in größte Schwierigkeiten. Dies ist ein Grund, weshalb ich NLP *lehre*. Ich möchte wenigstens ein paar Leute haben, die diese Realität mit mir teilen, damit mich die Männer in den weißen Kitteln nicht holen."**

Um eine Triade zu bilden, müssen zuerst drei zueinander gehörende Begriffe gefunden werden. Sie sollten auf einer logischen Ebene liegen und deren drei extremste Ausprägungen benennen. Dann versucht man, ihren psychographischen Cha-

---

* aus: "Vom Glück, Hrdlak gekannt zu haben."
** aus: "Veränderung des subjektiven Bewusstseins" - Hervorhebung nicht im Text

rakter (also flava, blua oder ruga) zu erkennen. Parallel dazu sucht man die passende Reihenfolge, denn aus dieser soll (im Uhrzeigersinn) jeweils ein Prozessfortschritt vorgezeichnet werden. Dies geschieht durch die Beobachtung von Lösungsprozessen und den fachlichen Austausch. Alternativ zu der durch Pfeile gekennzeichneten Bewegungsrichtung kann man diese auch ignorieren und einfach auf die Ausgewogenheit oder gleichmäßige Nutzung aller drei Möglichkeiten achten*.

Die Triaden wurden wie folgt zusammengestellt:

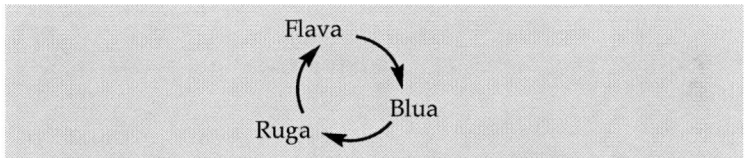

Jeder Begriff hat also einen definierten Charakter - seine 'psychographische Farbe'. Jemand, der in allen Triaden dieselbe Ecke bevorzugt, wäre somit eine ganz 'reine' Ausprägung seines Typs (dies ist jedoch sehr selten der Fall).

An zwei Beispielen sollen die Charaktere (oder 'psychographischen Farben') der Triadenbegriffe gezeigt werden:

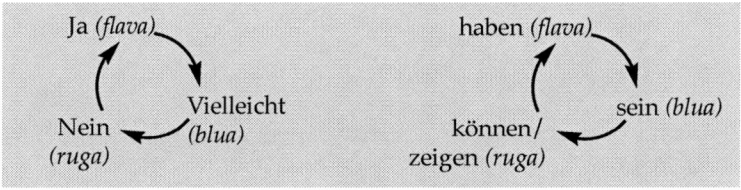

---

* Genauso könnte man zur Verwendung der Triaden auf die Unterscheidung von 'Typen' gänzlich verzichten; dies kann etwa dann sinnvoll sein, wenn man keine Zeit hat, das psychographische Modell zu erklären und nur eine einzelne Anregung geben möchte.

Ebenso lassen sich auch die typrelevanten Triaden ergänzen - zuerst die drei Grundbereiche:

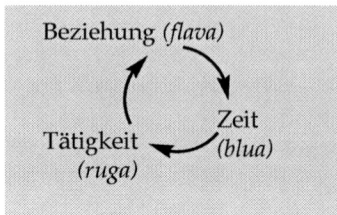

Zur Klarstellung sei noch einmal gesagt, dass die Worte "Beziehung" und "flava" usw. nicht identisch sind. Die Farbbezeichnung steht nur als wertneutrales Synonym für den Charakter des Beziehungsbereichs.

Nun die psychographischen Farben der neun Unterbereiche:

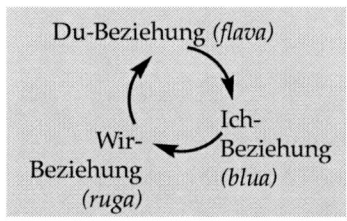

Auf der Ebene 'Beziehung' ist die **Du-Beziehung** somit die 'reinste' oder deutlichste Ausprägung. Sie hat die Farbe *flava*.

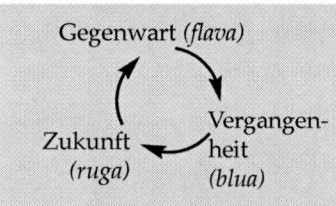

Auf der Ebene 'Zeit' ist die **Vergangenheit** somit die 'reinste' oder deutlichste Ausprägung. Sie hat die Farbe *blua*.

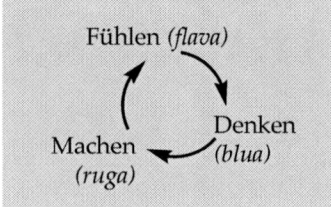

Auf der Ebene 'Tätigkeit' ist **Machen** somit die 'reinste' oder deutlichste Ausprägung. Machen hat die Farbe *ruga*.

Mit dieser Systematik 'im Rücken' ist es nun relativ einfach, Ordnung in die Typen/Untertypen zu bringen und prägnante Typbezeichnungen für alle 81 Untertypen einzuführen. Der Vorteil der folgenden systematischen Benennung ist – neben der internationalen Verwendbarkeit - dass in der Bezeichnung alle vier Bevorzugungen enthalten und 'lesbar' sind.

Zusätzlich zu den Begriffen Flava, Blua und Ruga wurden entsprechende Symbole, nämlich Kreis *(flava)*, Quadrat *(blua)* und Dreieck *(ruga)* eingeführt. Damit lassen sich nun für jeden Typ Kurzsymbole, so genannte 'Psychogramme' zeichnen, die auch ohne Worte aussagekräftig sind. Diese sind z.b. für die Darstellung der Typverteilung in Teams oder Familien nützlich (vgl. S. 46ff.), besonders, wenn man sie farbig gestaltet.

Das Zeichnen und die Systematik der Psychogramme

Voraussetzung für das Zeichnen von Psychogrammen zur Darstellung der Persönlichkeitsstruktur ist, dass man die typrelevanten Bevorzugungen (Triade 1-4) der betreffenden Person kennt. Zuerst zeichnet man das Symbol für den Grundtyp und darin die Unterteilung für die drei Unterbereiche ein:

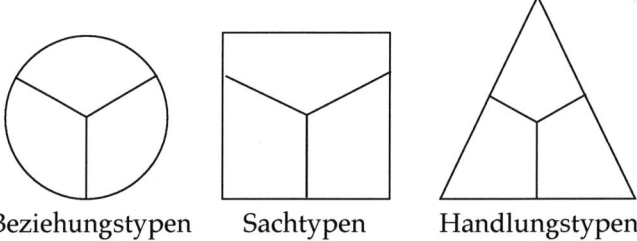

| Beziehungstypen | Sachtypen | Handlungstypen |

Entsprechend der Darstellung auf S. 29 steht jeweils der Beziehungsbereich oben, der Zeitbereich rechts und der Tätigkeitsbereich links. Diese Einteilung ist für alle drei Grundtypen-Symbole gleich.

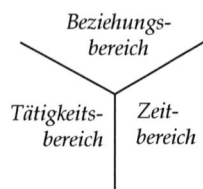

In die Unterbereichsfelder werden im zweiten Schritt die jeweiligen Bevorzugungen eingezeichnet. Auch dafür werden die Symbole Kreis, Quadrat und Dreieck verwendet. Den Bevorzugungen in den Unterbereichen lassen sich ebenfalls die psychographischen Farben oder Charaktere zuordnen – wie auf Seite 94 erläutert.

An einem Beispiel soll die Lesart der Psychogramm-Symbole dargestellt werden:

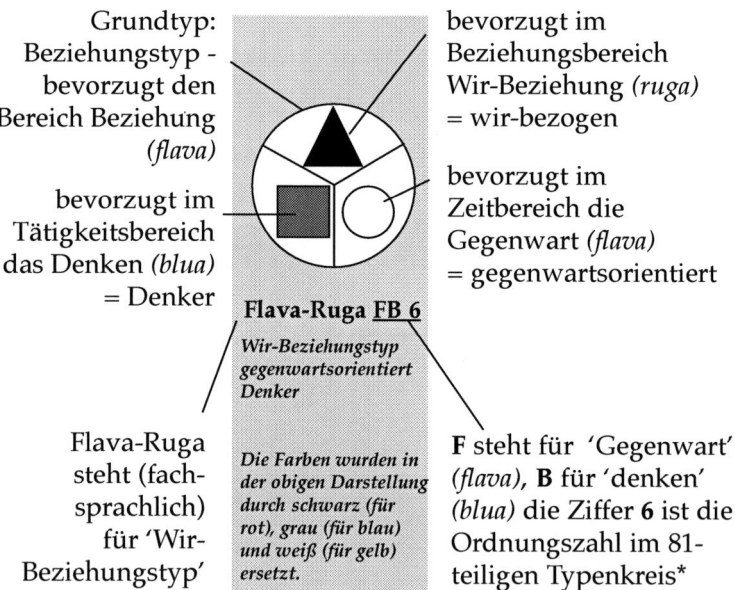

Grundtyp: Beziehungstyp - bevorzugt den Bereich Beziehung *(flava)*

bevorzugt im Tätigkeitsbereich das Denken *(blua)* = Denker

Flava-Ruga FB 6

Wir-Beziehungstyp gegenwartsorientiert Denker

bevorzugt im Beziehungsbereich Wir-Beziehung *(ruga)* = wir-bezogen

bevorzugt im Zeitbereich die Gegenwart *(flava)* = gegenwartsorientiert

Flava-Ruga steht (fachsprachlich) für 'Wir-Beziehungstyp'

Die Farben wurden in der obigen Darstellung durch schwarz (für rot), grau (für blau) und weiß (für gelb) ersetzt.

F steht für 'Gegenwart' *(flava)*, B für 'denken' *(blua)* die Ziffer **6** ist die Ordnungszahl im 81-teiligen Typenkreis*

* Der Typenkreis liegt dem Lehrbuch als gefaltetes Blatt (hintere Umschlagseite) bei.

Psychogramme[30] aller 81 Untertypen*

Grundtyp: Beziehungstyp (Flava)

Leittyp: Wir-Beziehungstyp (Flava-Ruga)

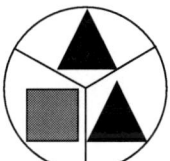

Flava-Ruga RR 1
Wir-Beziehungstyp
zukunftsorientiert
Macher

Flava-Ruga RF 2
Wir-Beziehungstyp
zukunftsorientiert
Fühler

Flava-Ruga RB 3
Wir-Beziehungstyp
zukunftsorientiert
Denker

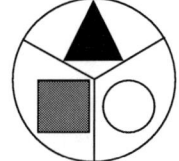

Flava-Ruga FR 4
Wir-Beziehungstyp
gegenwartsorientiert
Macher

Flava-Ruga FF 5
Wir-Beziehungstyp
gegenwartsorientiert
Fühler

Flava-Ruga FB 6
Wir-Beziehungstyp
gegenwartsorientiert
Denker

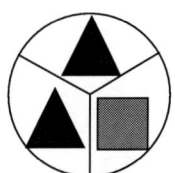

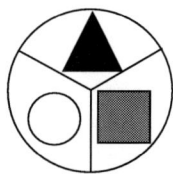

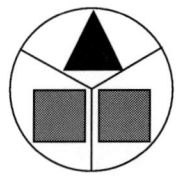

Flava-Ruga BR 7
Wir-Beziehungstyp
vergangenheitsorientiert
Macher

Flava-Ruga BF 8
Wir-Beziehungstyp
vergangenheitsorientiert
Fühler

Flava-Ruga BB 9
Wir-Beziehungstyp
vergangenheitsorientiert
Denker

* einschließlich der internationalen Bezeichnung, der Ordnungszahl im Typenkreis und den Bevorzugungen in den drei Unterbereichen.

Grundtyp: Beziehungstyp (Flava)

Leittyp: Du-Beziehungstyp (Flava-Flava)

 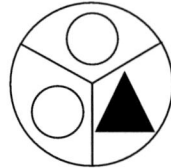 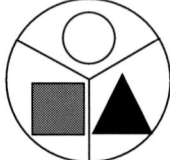

Flava-Flava RR 10
Du-Beziehungstyp
zukunftsorientiert
Macher

Flava-Flava RF 11
Du-Beziehungstyp
zukunftsorientiert
Fühler

Flava-Flava RB 12
Du-Beziehungstyp
zukunftsorientiert
Denker

  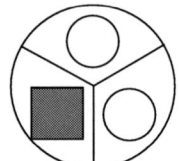

Flava-Flava FR 13
Du-Beziehungstyp
gegenwartsorientiert
Macher

Flava-Flava FF 14
Du-Beziehungstyp
gegenwartsorientiert
Fühler

Flava-Flava FB 15
Du-Beziehungstyp
gegenwartsorientiert
Denker

 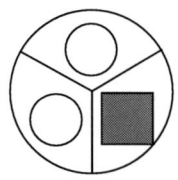 

Flava-Flava BR 16
Du-Beziehungstyp
vergangenheitsorientiert
Macher

Flava-Flava BF 17
Du-Beziehungstyp
vergangenheitsorientiert
Fühler

Flava-Flava BB 18
Du-Beziehungstyp
vergangenheitsorientiert
Denker

Grundtyp: Beziehungstyp (Flava)

Leittyp: Ich-Beziehungstyp (Flava-Blua)

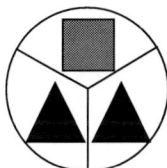

Flava-Blua RR 19
Ich-Beziehungstyp
zukunftsorientiert
Macher

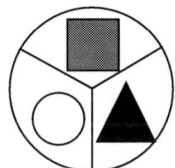

Flava-Blua RF 20
Ich-Beziehungstyp
zukunftsorientiert
Fühler

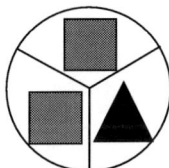

Flava-Blua RB 21
Ich-Beziehungstyp
zukunftsorientiert
Denker

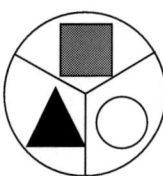

Flava-Blua FR 22
Ich-Beziehungstyp
gegenwartsorientiert
Macher

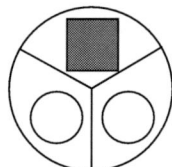

Flava-Blua FF 23
Ich-Beziehungstyp
gegenwartsorientiert
Fühler

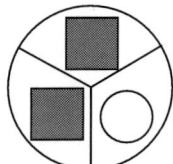

Flava-Blua FB 24
Ich-Beziehungstyp
gegenwartsorientiert
Denker

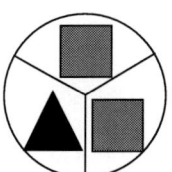

Flava-Blua BR 25
Ich-Beziehungstyp
vergangenheitsorientiert
Macher

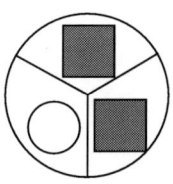

Flava-Blua BF 26
Ich-Beziehungstyp
vergangenheitsorientiert
Fühler

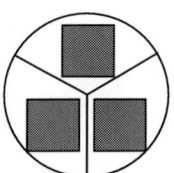

Flava-Blua BB 27
Ich-Beziehungstyp
vergangenheitsorientiert
Denker

Grundtyp: Sachtyp (Blua)

Leittyp: Gegenwarts-Sachtyp (Blua-Flava)

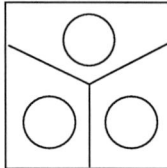

Blua-Flava FF 28

Gegenwarts-Sachtyp
Fühler
Du-bezogen

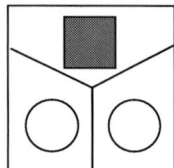

Blua-Flava FB 29

Gegenwarts-Sachtyp
Fühler
Ich-bezogen

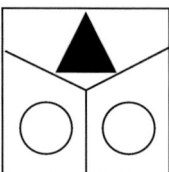

Blua-Flava FR 30

Gegenwarts-Sachtyp
Fühler
Wir-bezogen

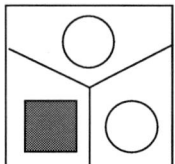

Blua-Flava BF 31

Gegenwarts-Sachtyp
Denker
Du-bezogen

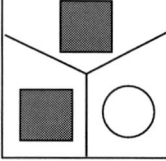

Blua-Flava BB 32

Gegenwarts-Sachtyp
Denker
Ich-bezogen

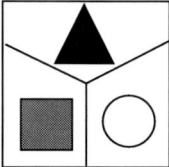

Blua-Flava BR 33

Gegenwarts-Sachtyp
Denker
Wir-bezogen

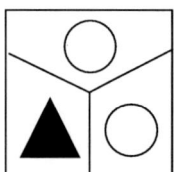

Blua-Flava RF 34

Gegenwarts-Sachtyp
Macher
Du-bezogen

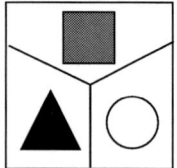

Blua-Flava RB 35

Gegenwarts-Sachtyp
Macher
Ich-bezogen

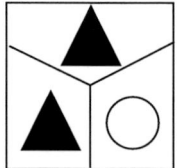

Blua-Flava RR 36

Gegenwarts-Sachtyp
Macher
Wir-bezogen

Grundtyp: Sachtyp (Blua)

Leittyp: Vergangenheits-Sachtyp (Blua-Blua)

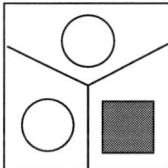

Blua-Blua FF 37

Vergangenheits-Sachtyp
Fühler
Du-bezogen

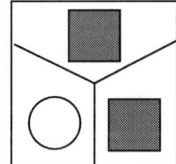

Blua-Blua FB 38

Vergangenheits-Sachtyp
Fühler
Ich-bezogen

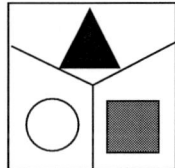

Blua-Blua FR 39

Vergangenheits-Sachtyp
Fühler
Wir-bezogen

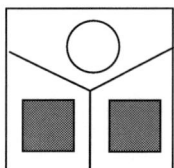

Blua-Blua BF 40

Vergangenheits-Sachtyp
Denker
Du-bezogen

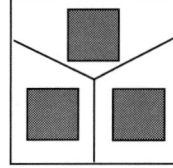

Blua-Blua BB 41

Vergangenheits-Sachtyp
Denker
Ich-bezogen

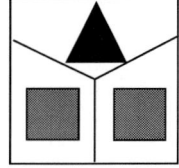

Blua-Blua BR 42

Vergangenheits-Sachtyp
Denker
Wir-bezogen

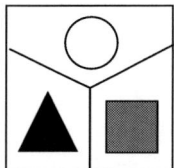

Blua-Blua RF 43

Vergangenheits-Sachtyp
Macher
Du-bezogen

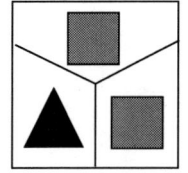

Blua-Blua RB 44

Vergangenheits-Sachtyp
Macher
Ich-bezogen

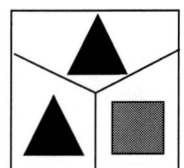

Blua-Blua RR 45

Vergangenheits-Sachtyp
Macher
Wir-bezogen

Grundtyp: Sachtyp (Blua)

Leittyp: Zukunfts-Sachtyp (Blua-Ruga)

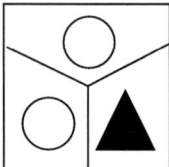 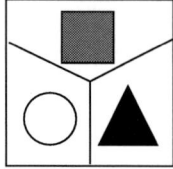 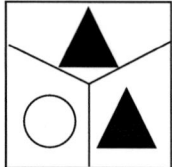

Blua-Ruga FF 46
Zukunfts-Sachtyp
Fühler
Du-bezogen

Blua-Ruga FB 47
Zukunfts-Sachtyp
Fühler
Ich-bezogen

Blua-Ruga FR 48
Zukunfts-Sachtyp
Fühler
Wir-bezogen

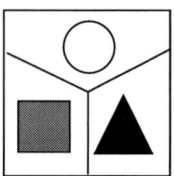 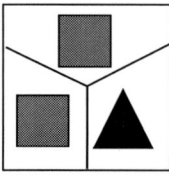 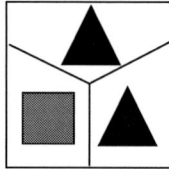

Blua-Ruga BF 49
Zukunfts-Sachtyp
Denker
Du-bezogen

Blua-Ruga BB 50
Zukunfts-Sachtyp
Denker
Ich-bezogen

Blua-Ruga BR 51
Zukunfts-Sachtyp
Denker
Wir-bezogen

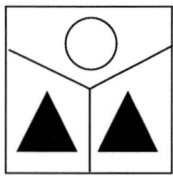 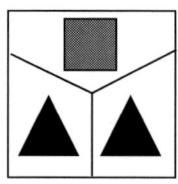 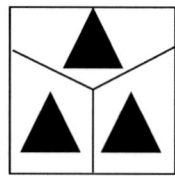

Blua-Ruga RF 52
Zukunfts-Sachtyp
Macher
Du-bezogen

Blua-Ruga RB 53
Zukunfts-Sachtyp
Macher
Ich-bezogen

Blua-Ruga RR 54
Zukunfts-Sachtyp
Macher
Wir-bezogen

Grundtyp: Handlungstyp (Ruga)

Leittyp: Denker-Handlungstyp (Ruga-Blua)

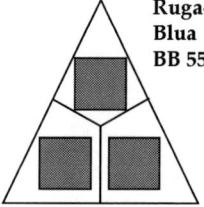

Ruga-Blua BB 55

Denker-Handlungstyp
Ich-bezogen
vergangenheitsorientiert

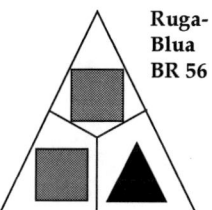

Ruga-Blua BR 56

Denker-Handlungstyp
Ich-bezogen
zukunftsorientiert

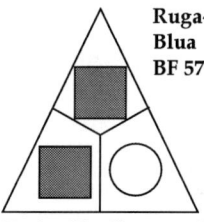

Ruga-Blua BF 57

Denker-Handlungstyp
Ich-bezogen
gegenwartsorientiert

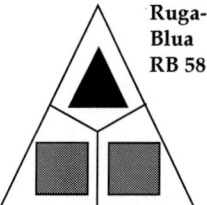

Ruga-Blua RB 58

Denker-Handlungstyp
Wir-bezogen
vergangenheitsorientiert

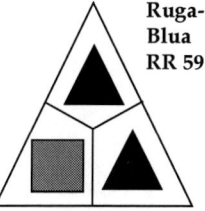

Ruga-Blua RR 59

Denker-Handlungstyp
Wir-bezogen
zukunftsorientiert

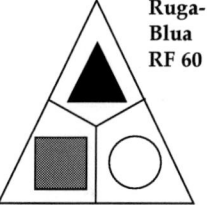

Ruga-Blua RF 60

Denker-Handlungstyp
Wir-bezogen
gegenwartsorientiert

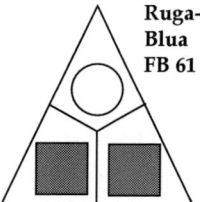

Ruga-Blua FB 61

Denker-Handlungstyp
Du-bezogen
vergangenheitsorientiert

Ruga-Blua FR 62

Denker-Handlungstyp
Du-bezogen
zukunftsorientiert

Ruga-Blua FF 63

Denker-Handlungstyp
Du-bezogen
gegenwartsorientiert

Grundtyp: Handlungstyp (Ruga)

Leittyp: Macher-Handlungstyp (Ruga-Ruga)

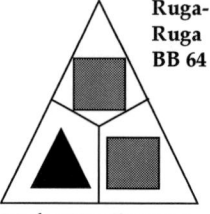

Ruga-
Ruga
BB 64

Macher-Handlungstyp
Ich-bezogen
vergangenheitsorientiert

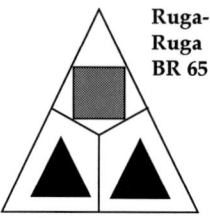

Ruga-
Ruga
BR 65

Macher-Handlungstyp
Ich-bezogen
zukunftsorientiert

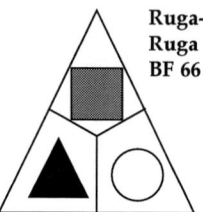

Ruga-
Ruga
BF 66

Macher-Handlungstyp
Ich-bezogen
gegenwartsorientiert

Ruga-
Ruga
RB 67

Macher-Handlungstyp
Wir-bezogen
vergangenheitsorientiert

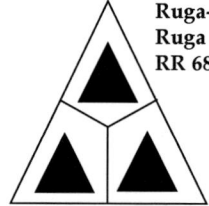

Ruga-
Ruga
RR 68

Macher-Handlungstyp
Wir-bezogen
zukunftsorientiert

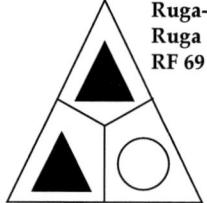

Ruga-
Ruga
RF 69

Macher-Handlungstyp
Wir-bezogen
gegenwartsorientiert

Ruga-
Ruga
FB 70

Macher-Handlungstyp
Du-bezogen
vergangenheitsorientiert

Ruga-
Ruga
FR 71

Macher-Handlungstyp
Du-bezogen
zukunftsorientiert

Ruga-
Ruga
FF 72

Macher-Handlungstyp
Du-bezogen
gegenwartsorientiert

Grundtyp: Handlungstyp (Ruga)

Leittyp: Fühler-Handlungstyp (Ruga-Flava)

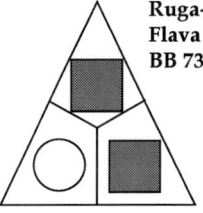

Ruga-Flava BB 73

Fühler-Handlungstyp
Ich-bezogen
vergangenheitsorientiert

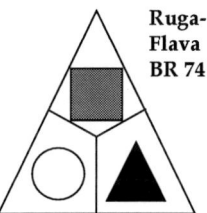

Ruga-Flava BR 74

Fühler-Handlungstyp
Ich-bezogen
zukunftsorientiert

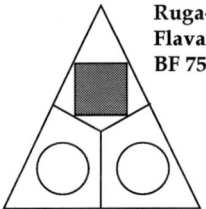

Ruga-Flava BF 75

Fühler-Handlungstyp
Ich-bezogen
gegenwartsorientiert

Ruga-Flava RB 76

Fühler-Handlungstyp
Wir-bezogen
vergangenheitsorientiert

Ruga-Flava RR 77

Fühler-Handlungstyp
Wir-bezogen
zukunftsorientiert

Ruga-Flava RF 78

Fühler-Handlungstyp
Wir-bezogen
gegenwartsorientiert

Ruga-Flava FB 79

Fühler-Handlungstyp
Du-bezogen
vergangenheitsorientiert

Ruga-Flava FR 80

Fühler-Handlungstyp
Du-bezogen
zukunftsorientiert

Ruga-Flava FF 81

Fühler-Handlungstyp
Du-bezogen
gegenwartsorientiert

Die Liste der 'Idealpartner'

In Kapitel II. (S. 46ff.) wurde der Frage "Wer kann wie mit wem?" nachgegangen und versucht, Interaktionen zwischen unterschiedlichen Persönlichkeitstypen auf Basis des psychographischen Modells zu betrachten.

Dabei tauchte (auf S. 49) der Begriff 'Idealpartner' auf. Mit Hilfe der oben eingeführten Systematik und der Ordnungszahlen für die Untertypen ergibt sich nun folgende Liste:

Typ-Nr.   *Ordnungszahlen der 12 'Idealpartner'*

1 .... 6, 8, 12, 16, 20, 22, 45, 51, 53, 69, 71, 77
2 .... 4, 9, 10, 17, 21, 23, 39, 47, 54, 59, 78, 80
3 .... 5, 7, 11, 18, 19, 24, 42, 48, 50, 60, 62, 68
4 .... 2, 9, 10, 15, 23, 25, 33, 35, 54, 67, 72, 78
5 .... 3, 7, 11, 13, 24, 26, 29, 36, 48, 60, 76, 81
6 .... 1, 8, 12, 14, 22, 27, 30, 32, 51, 58, 63, 69
7 .... 3, 5, 13, 18, 19, 26, 36, 42, 44, 68, 70, 76
8 ....1, 6, 14, 16, 20, 27, 30, 38, 45, 58, 77, 79
9 .... 2, 4, 15, 17, 21, 25, 33, 39, 41, 59, 61, 67
10 .... 2, 4, 15, 17, 21, 25, 43, 49, 54, 65, 72, 80
11 .... 3, 5, 13, 18, 19, 26, 37, 48, 52, 62, 74, 81
12 .... 1, 6, 14, 16, 20, 27, 40, 46, 51, 56, 63, 71
13 .... 5, 7, 11, 18, 19, 24, 31, 36, 52, 66, 70, 81
14 .... 6, 8, 12, 16, 20, 22, 30, 34, 46, 63, 75, 79
15 .... 4, 9, 10, 17, 21, 23, 28, 33, 49, 57, 61, 72
16 .... 1, 8, 12, 14, 22, 27, 34, 40, 45, 64, 71, 79
17 .... 2, 9, 10, 15, 23, 25, 28, 39, 43, 61, 73, 80
18 .... 3, 7, 11, 13, 24, 26, 31, 37, 42, 55, 62, 70
19 .... 3, 7, 11, 13, 24, 26, 44, 50, 52, 66, 68, 74
20 .... 1, 8, 12, 14, 22, 27, 38, 46, 53, 56, 75, 77
21 .... 2, 9, 10, 15, 23, 25, 41, 47, 49, 57, 59, 65

22 .... 1, 6, 14, 16, 20, 27, 32, 34, 53, 64, 69, 75
23 .... 2, 4, 15, 17, 21, 25, 28, 35, 47, 57, 73, 78
24 .... 3, 5, 13, 18, 19, 26, 29, 31, 50, 55, 60, 66
25 .... 4, 9, 10, 17, 21, 23, 35, 41, 43, 65, 67, 73
26 .... 5, 7, 11, 18, 19, 24, 29, 37, 44, 55, 74, 76
27 .... 6, 8, 12, 16, 20, 22, 32, 38, 40, 56, 58, 64
28 ....15, 17, 23, 33, 35, 39, 43, 47, 49, 72, 78, 80
29 .... 5, 24, 26, 31, 36, 37, 44, 48, 50, 66, 74, 81
30 .... 6, 8, 14, 32, 34, 38, 45, 46, 51, 69, 75, 77
31 ....13, 18, 24, 29, 36, 37, 42, 50, 52, 60, 62, 81
32 .... 6, 22, 27, 30, 34, 38, 40, 51, 53, 56, 63, 75
33 .... 4, 9, 15, 28, 35, 39, 41, 49, 54, 57, 59, 78
34 ....14, 16, 22, 30, 32, 40, 45 ,46, 53, 63, 69, 71
35 .... 4, 23, 25, 28, 33, 41, 43, 47, 54, 57, 65, 72
36 .... 5, 7, 13, 29, 31, 42, 44, 48, 52, 60, 66, 68
37 ....11, 18, 26, 29, 31, 42, 44, 48, 52, 70, 76, 81
38 .... 8, 20, 27, 30, 32, 40, 45, 46, 53, 64, 75, 79
39 .... 2, 9, 17, 28, 33, 41, 43, 47, 54, 67, 73, 78
40 ....12, 16, 27, 32, 34, 38, 45, 46, 51, 58, 63, 79
41 .... 9, 21, 25, 33, 35, 39, 43, 47, 49, 57, 61, 73
42 .... 3, 7, 18, 31, 36, 37, 44, 48, 50, 55, 60, 76
43 ....10, 17, 25, 28, 35, 39, 41, 49, 53, 61, 67, 72
44 ....7, 19, 26, 29, 36, 37, 42, 50, 52, 55, 66, 70
45 .... 1, 8, 16, 30, 34, 38, 40, 51, 53, 58, 64, 69
46 ....12, 14, 20, 30, 34, 38, 40, 51, 53, 71, 77, 79
47 ....2, 21, 23, 28, 35, 39, 41, 49, 54, 65, 73, 80
48 .... 3, 5, 11, 29, 36, 37, 42, 50, 52, 68, 74, 76
49 ....10, 15, 21, 28, 33, 41, 43, 47, 54, 59, 61, 80
50 ....3, 19, 24, 29, 31, 42, 44, 48, 52, 55, 62, 74
51 .... 1, 6, 12, 30, 32, 40, 45, 46, 53, 56, 58, 77
52 ....11, 13, 19, 31, 36, 37, 44, 48, 50, 62, 68, 70
53 ....1, 20, 22, 32, 34, 38, 45, 46, 51, 56, 64, 71
54 .... 2, 4, 10, 33, 35, 39, 43, 47, 49, 59, 65, 67
55 ....18, 24, 26, 42, 44, 50, 60, 62, 66, 70, 74, 76
56 ....12, 20, 27, 32, 51, 53, 58, 63, 64, 71, 75, 77

57 ....15, 21, 23, 33, 35, 41, 59, 61, 65, 72, 73, 78
58 .... 6, 8, 27, 40, 45, 51, 56, 63, 64, 69, 77, 79
59 .... 2, 9, 21, 33, 49, 54, 57, 61, 65, 67, 78, 80
60 .... 3, 5, 24, 31, 36, 42, 55, 62, 66, 68, 76, 81
61 ....9, 15, 17, 41, 43, 49, 57, 59, 67, 72, 73, 80
62 ....3, 11, 18, 31, 50, 52, 55, 60, 68, 70, 74, 81
63 ....6, 12, 14, 32, 34, 40, 56, 58, 69, 71, 75, 79
64 ....16, 22, 27, 38, 45, 53, 56, 58, 69, 71, 75, 79
65 ....10, 21, 25, 35, 47, 54, 57, 59, 67, 72, 73, 80
66 ....13, 19, 24, 36, 29, 44, 55, 60, 68, 70, 74, 81
67 .... 4, 9, 25, 39, 43, 54, 59, 61, 65, 72, 73, 78
68 .... 3, 7, 19, 36, 48, 52, 60, 62, 66, 70, 74, 76
69 .... 1, 6, 22, 30, 34, 45, 58, 63, 64, 71, 75, 77
70 .... 7, 13, 18, 37, 44, 52, 55, 62, 66, 68, 76, 81
71 ....1, 12, 16, 34, 46, 53, 56, 63, 64, 69, 77, 79
72 .... 4, 10, 15, 28, 35, 43, 57, 61, 65, 67, 78, 80
73 ....17, 23, 25, 39, 41, 47, 57, 61, 65, 67, 78, 80
74 ....11, 19, 26, 29, 48, 50, 55, 62, 66, 68, 76, 81
75 ....14, 20, 22, 30, 32, 38, 56, 63, 64, 69, 77, 79
76 .... 5, 7, 26, 37, 42, 48, 55, 60, 68, 70, 74, 81
77 .... 1, 8, 20, 30, 46, 51, 56, 58, 69, 71, 75, 79
78 .... 2, 4, 23, 28, 33, 39, 57, 59, 67, 72, 73, 80
79 .... 8, 14, 16, 38, 40, 46, 58, 63, 64, 71, 75, 77
80 .... 2, 10, 17, 28, 47, 49, 59, 61, 65, 72, 73, 78
81 ....5, 11, 13, 29,31, 37, 60, 62, 66, 70, 74, 76

Diese Wertung erfolgte zuerst aufgrund theoretisch-logischer Ableitungen aus dem Modell. In der Praxis hat sich nun gezeigt, dass 'Idealpartner' den Umgang miteinander als überwiegend angenehm erleben. Dabei tritt das Phänomen meistens gegenseitig auf. Sie zeigen eine besondere Harmonie und Aufgeschlossenheit füreinander. Es meint jedoch nicht, dass andere Typkombinationen nicht auch reizvoll oder harmonisch sein können.

Wenn man die Zuordnungen der 'Idealpartner' in eine Grafik umsetzt, entsteht folgendes Motiv*. Damit lässt sich die Symmetrie und Logik des psychographischen Interaktionsmodells auch optisch darstellen.

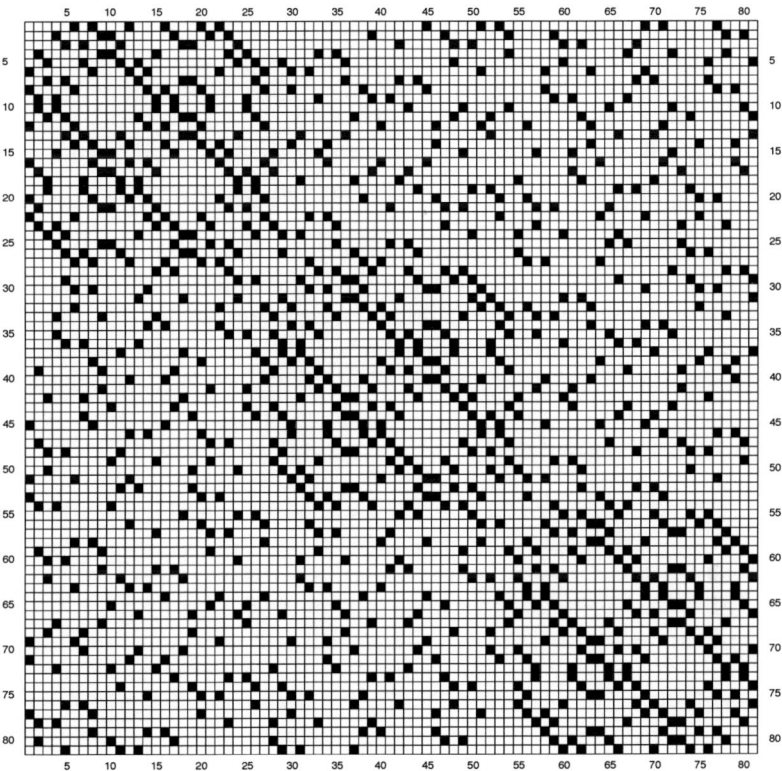

* Die Ziffern außen sind die Ordnungszahlen der 81 Persönlichkeitstypen im Typenkreis. Die jeweiligen 'Idealpartner' sind durch ausgefüllte Karos markiert.

Differenzierte Typanalyse auf drei Stufen

Bisher wurde das Thema behandelt, wie sich Persönlichkeitsstrukturen aus der Gewichtung von 12 Lebensbereichen herleiten und unterscheiden lassen. Für die Praxis ist die Unterscheidung in die drei Grundtypen (1. Stufe) häufig ausreichend; mit 81 Untertypen (2. Stufe) ist sicherlich die Grenze für eine sinnvolle Typ*unterscheidung* erreicht*. Dies gilt jedoch nicht für die individuelle Typ*analyse*, denn daraus können weitere interessante Anregungen für Persönlichkeitsentwicklung und individuelle Lösungsprozesse gewonnen werden.

Deshalb soll nun versucht werden, die neun Unterbereiche ebenfalls in Triaden aufzuteilen (3. Stufe). Vermutlich gibt es dafür noch andere als die hier vorgestellten Möglichkeiten. Auch die Zuordnung zu den psychographischen Farben (d.h. die Reihenfolge der Begriffe in der Triade) könnte abweichend versucht werden; dem Autor erscheint es in dieser Weise jedoch logisch und passend.

Als Darstellungsform wurde ebenfalls eine Kombination aus den Triaden-Kreisen und Feldern zum Eintragen der individuellen Gewichtungen gewählt. Empfehlenswert ist, sich diese Muster einzuprägen, damit sie sich im täglichen Erleben mit der Zeit auswirken können. Beispielsweise kann man sich an Ausnahmen erinnern, bei denen man die vernachlässigten Möglichkeiten (Ressourcen) bereits zur Lösung von Schwierigkeiten oder für besondere Fortschritte genutzt hat. Zunächst bedeutet die Analyse auf der dritten Stufe jedoch eine Menge Arbeit und genaue Selbstbeobachtung; man sollte sich dafür genügend Zeit nehmen.

---

* Würde man die folgenden 27 Bereiche noch zu einer Typunterscheidung heranziehen, ergäben sich 1.594.323 Typen (bzw. Psychognomien)!

Der Vollständigkeit halber und zur Erinnerung werden die ersten beiden Stufen der Unterscheidung (die Ebene der Grundtypen und die drei Ebenen der Untertypen) wiederholt.

1. Stufe (Grundebene):
Drei Grundbereiche (Unterscheidung der drei Grundtypen)

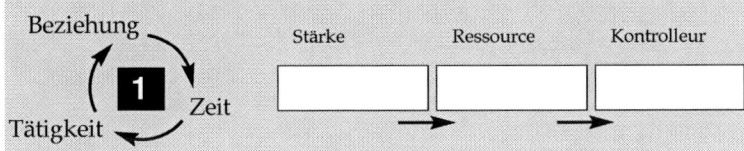

2. Stufe (drei Unterebenen):
Neun Unterbereiche (Unterscheidung der 81 Untertypen)

2.1. Drei unterschiedliche Beziehungsarten

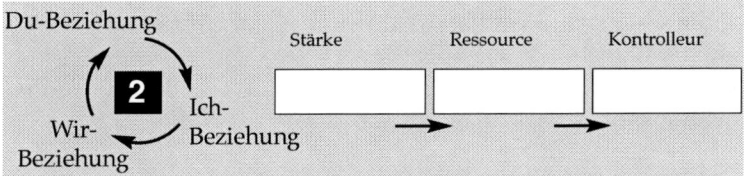

2.2. Drei unterschiedliche Zeiträume

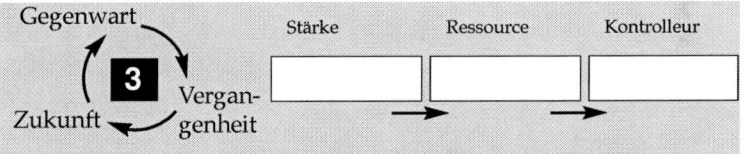

2.3. Drei unterschiedliche Tätigkeiten

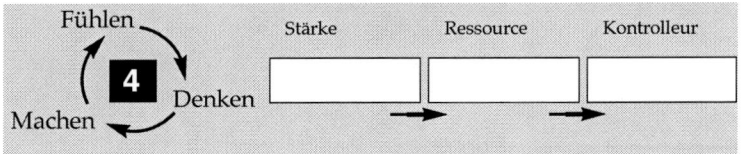

3. Stufe (neun Unter-Unter-Ebenen): 27 Unter-Unterbereiche

3.1.1. Drei Du-Beziehungsarten

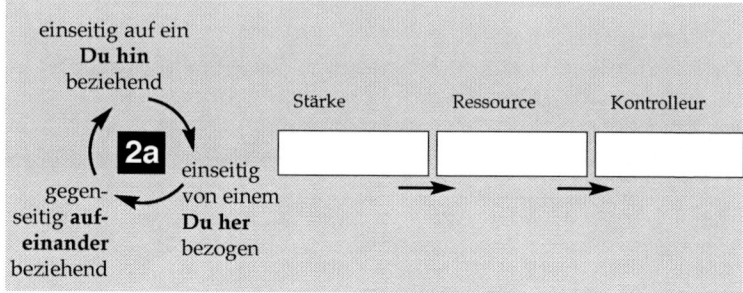

Einseitig auf ein **Du hin** beziehend – dies kann etwa dann der Fall sein, wenn ein Teenager sein Idol mittels Postern oder Videos verehrt. So etwas wird durchaus als Beziehung erlebt, auch wenn das Beziehungsobjekt nichts davon erfährt. Menschen beziehen sich häufig auf abwesende oder sogar verstorbene Personen, z.b. auf Verwandte oder Freunde.

Einseitig von einem **Du her** bezogen bedeutet z.b., wenn ein Redner von seinen Zuhörern (durch Applaus oder Pfiffe) signalisiert bekommt, dass sie zu ihm ein besonderes Verhältnis empfinden. Oder wenn ein Leser einem Autor schreibt und sich auf ihn bezieht, ist es aus Sicht des Autors eine einseitige Beziehung.

Dies ändert sich dann, wenn er antwortet und der Kontakt in ein gegenseitiges Gespräch und ein Sich-**aufeinander**-Beziehen mündet. Auch im partnerschaftlichen Verhältnis zweier Geschäftleute kommt es häufig zu solchen gegenseitigen Beziehungen. Diese können jeweils unterschiedlich stark erlebt werden. Im Unterschied zur Wir-Beziehung bleiben aber die Beteiligten für sich und sind nur durch die Interaktion für eine gewisse Zeit in Beziehung.

3.1.2. Drei Ich-Beziehungsarten

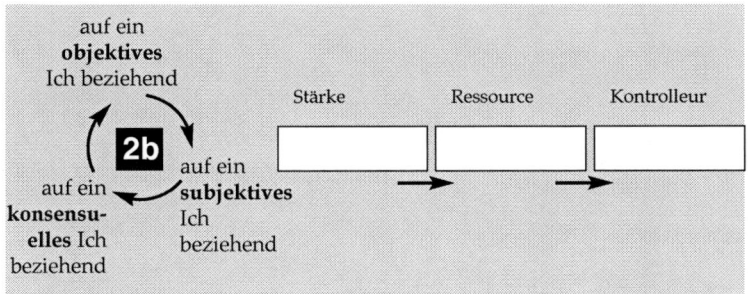

Auf ein **objektives** Ich beziehend - dies meint Ich-Konstrukte, die auf objektiv feststellbaren Fakten gründen. Beispielsweise den Geburtsjahrgang ("ich als '68-er'"), die geographische Herkunft ("ich bin Berlinerin"), die Körpergröße oder das Alter ("ich gehöre zu den 'Großen' im Kindergarten"), die Familien- oder Nationalzugehörigkeit ("ich bin ein typischer Vertreter des schottischen McDonalds-Clans") etc.

Subjektive Ich-Konstrukte dagegen entspringen dem persönlichen Erleben der eigenen Person. Vermutlich werden die meisten Menschen mehr als ein Selbstbild kennen, auf das sie sich zeitweise beziehen. Oft hängt dies mit dem Umfeld zusammen, in dem sich der Einzelne gerade bewegt oder mit den Weltbildern (Themen, Zielen), mit denen er sich identifiziert.

Konsensuelle Ich-Konstrukte zeigen sich dann, wenn objektive und subjektive Selbstwahrnehmung eine Schnittmenge bilden. Wenn ich mich etwa für einen guten Tennisspieler halte und dann meinen Namen auf der Weltrangliste sehe, erweitert das mein Selbstbild; so kann ein anderes Selbstbild entstehen als durch objektive und subjektive Ich-Bezüge allein.

3.1.3. Drei Wir-Beziehungsarten

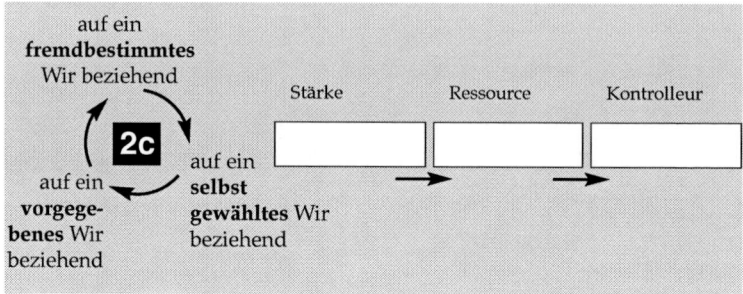

Das Wort '**fremdbestimmt**' mag zunächst negativ klingen, jedoch sind viele angenehme Wir-Bezüge, in denen wir leben, in diese Kategorie einzuordnen. Kennzeichnend ist, dass uns ein *einzelner* Mensch mit anderen verbindet. Das muss nicht negativ sein; wenn uns z.b. Mitschüler durch einen Rektor 'aufgezwungen' wurden, hatte dies manchmal seinen Reiz.

Ein **selbst gewählter** Wir-Bezug kann sowohl in kleinen Einheiten ("wir als Paar...") als auch in großen ("wir Wähler der Partei X...") seinen Ausdruck finden. Kennzeichnend ist, dass man diesen Bezugsrahmen auch wieder verlassen und sich anderen zuwenden kann. Ein zuerst fremdbestimmter Wir-Bezug lässt sich von einzelnen Beteiligten auch nachträglich in einen selbst gewählten umbenennen ("wir als Klasse 1a").

In Wir-Bezügen zeigt sich manchmal eine neue Qualität, die man '**vorgegeben**' nennen kann; etwa, wenn sich zeigt, dass man 'wie vorbestimmt' oder 'natürlicherweise' zueinander gehört (z.B. wenn sich innerhalb einer Klasse Cliquen finden, die sich ein Leben lang freundschaftlich verbunden bleiben). Auch die eigene Herkunftsfamilie kann so erlebt werden.

3.2.1. Drei Vergangenheitsaspekte

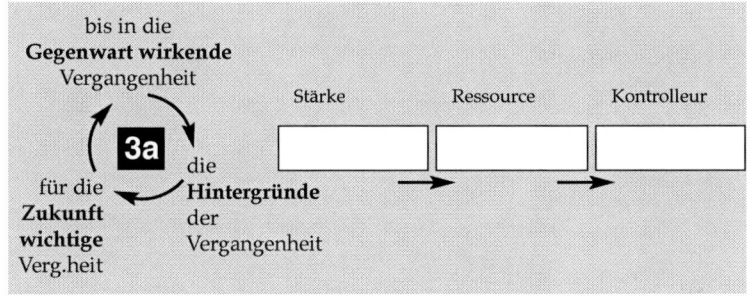

Die **Hintergründe** der Vergangenheit sind sozusagen 'Vergangenheit *plus* Vergangenheit'. In ihnen können differenziertere Aspekte zu Tage kommen, als wenn man die Vergangenheit nur pauschal betrachtet. Wenn sich jemand jedoch ausschließlich auf diesen Teil der Vergangenheit beschränkt, kann er sich fast ohne Ende damit beschäftigen.

Indem man nach Aspekten der Vergangenheit sucht, die für die **Zukunft wichtig** oder relevant sind, öffnet man die Vergangenheit nach vorne. Etwa, wenn bei Beschwerden Ausnahmezeiten gefunden werden, in denen diese *nicht* auftraten. Dann lassen sich vielleicht 'Erfolgsrezepte' aufspüren, die man künftig wiederholen kann.

Welche Teile der Vergangenheit bis in die **Gegenwart wirken** sollen, entscheidet man in der Regel selbst; auch die Wahl, welche Kindheitserinnerungen uns wichtig sind, liegt in unserer Hand. Deren Bedeutung ist, wie vieles andere Vergangene, nicht zwangsläufig, sondern Glaubenssache. Sollte jemand das Gegenteil behaupten (z.B. in der Psychotherapie), sind Zweifel angebracht, denn Erinnerungen sind formbar.

3.2.2. Drei Zukunftsaspekte

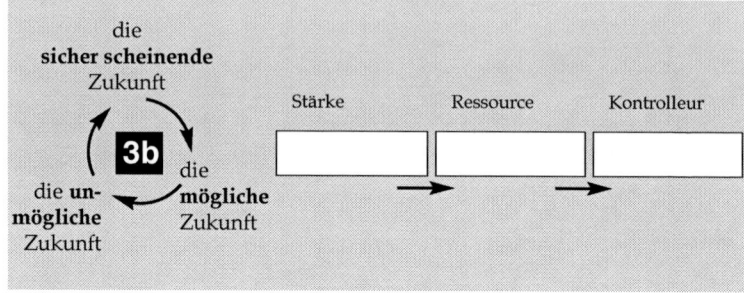

Auch für die Zukunftswahrnehmung ergeben sich neue Aspekte durch deren Differenzierung. Die **mögliche** Zukunft ist das Feld der Science-Fiction-Autoren und der Visionäre. Da in der Zukunft vieles denkbar ist, kann dabei leicht die Grenze des Unmöglichen überschritten werden. HERMANN HESSE dichtete: "Damit das Mögliche geschieht, muss immer wieder das Unmögliche versucht werden."

Die **unmögliche** Zukunft ist oft besetzt mit unerfüllbaren Wunschträumen: "Es könnte doch so schön sein, wenn ...". Dabei achtet man sehr genau darauf, nicht das zu würdigen, was gut ist und auch in der Zukunft sicher scheint. Nützlich ist die Wahrnehmung der unmöglichen Zukunft vielleicht, wenn man von Zukunftsängsten geplagt wird; hier kann sie die Angst begrenzen helfen (durch den unmöglichen Extremfall).

Die **sicher scheinende** Zukunft dient manchmal als Sicherheitspolster oder als (trägheitsverstärkendes) Ruhekissen. Was für den einen ein Fortschritt und eine Ressource ist, lähmt den anderen (z.B. in Bezug auf Geld oder Besitz). Wie so oft ist auch in diesem Fall das 'richtige Maß' entscheidend.

3.2.3. Drei Gegenwartsaspekte

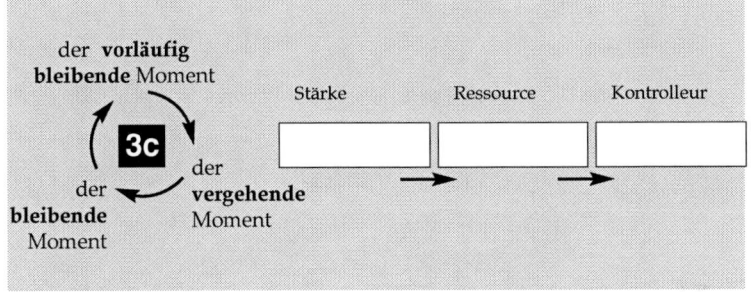

Das Vergehen der Zeit und der **vergehende** Moment sind ebenfalls Teil unserer Wahrnehmung. Vergehendes schafft Raum für Kommendes – Geburt und Tod sind oft dicht beieinander; manchmal erschreckt uns dies, aber wir erkennen darin unsere unabänderliche Bindung an den Faktor 'Zeit', von dem wir uns Zeit unseres Lebens nicht mehr lösen können.

Der Bereich des **bleibenden** Moments ist derjenige, dessen Ausdehnung wir uns in den Sternstunden unseres Lebens herbeisehnen und den wir verkürzen möchten, wenn uns etwas quält. FRIEDRICH NIETZSCHE sagte über diese (die angenehmen) Augenblicke: "... jede Lust will Ewigkeit, will tiefe, tiefe Ewigkeit". Welche der vielen Momente zu bleibenden werden, zeigt sich erst mit der Zeit.

Angenehme und unangenehme Zeiten enthalten den Aspekt des **vorläufig bleibenden** Moments. Die Dauer dieses 'vorläufig' können wir bewusst beeinflussen, z.B. über die Bedeutung, die wir einem Erlebnis geben. Sowohl das Festhalten als auch das Loslassen von Augenblicken kann man trainieren; ohne Steuerung überlassen wir dem Unbewussten die Wahl.

3.3.1. Drei unterschiedliche Aspekte des Machens

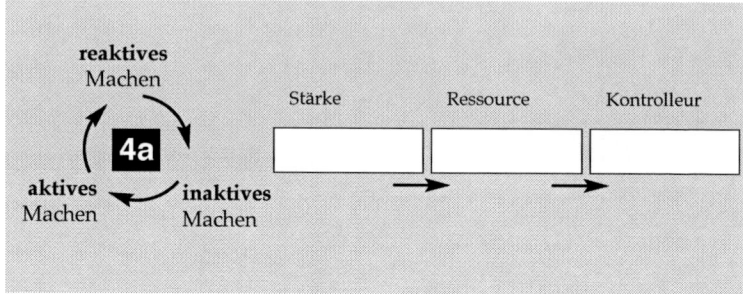

Wenn von 'Machen' gesprochen wird, ist meist das **aktive** Machen gemeint, das Aussenden von Reizen durch körperliche Aktivität (dazu gehört auch reden, schreiben oder singen). Sogar Selbstgespräche zählen dazu und unterscheiden sich vom Nachdenken oder 'Hirnen'. Eine geeignete Metapher ist ein aktiver Vulkan, der allein aus sich heraus tätig ist.

Reaktives Machen meint im Gegensatz dazu diejenigen Aktivitäten, die als Antwort auf einen Reiz von außen zustande kommen. Deutlich wird dieser Unterschied in der künstlerischen Arbeit: Während der Künstler aus innerem Antrieb arbeitet, bedient der Kunsthandwerker Kundenbestellungen.

Um ein ausgewogenes Verhältnis zum Machen aufzubauen, gehört auch das Erlernen des **inaktiven** Machens dazu. LAO-TSE drückte es so aus: "Lehren ohne Worte, beim Tun im Nicht-Tun verweilen: das verstehen nur wenige." (Tao-te-king, 43. Spruch). Wer dies zu gut kann und an seiner Passivität leidet, sollte nicht mit großen Aktivitäten beginnen, sondern mit kleinen oder kleinsten. Schon das absichtliche Aufstehen aus dem Sessel kann der Beginn einer Kette von Aktivitäten sein.

3.3.2. Drei unterschiedliche Aspekte des Fühlens

Das 'Fühlen' im hier verwendeten Sinn umfasst alle Reize, die vom Organismus registriert werden. Dazu gehört nicht nur das Gefühl zum Körper (nicht zu verwechseln mit der Beziehung zu sich selbst), sondern auch hören, schmecken, sehen und lesen (als aktive Varianten der Reizaufnahme).

Zur **gesteuerten** Aufnahme von Reizen gehört die Auswahl des Angebotenen. Zu viel Steuerung beim Fühlen schadet auf Dauer; wer seine Reizaufnahme ständig einengt (z.B. nur in *einem* Buch liest), verarmt und verschließt sich für Neues.

Unausweichliches Fühlen meint Reize, gegen die wir uns nicht abschotten können, etwa einzelne Wörter, die wir in Gesprächen hören. Wer von dieser Art des Fühlens zu viel hat, dem hilft u. U. eine 'Reiz-Reduktions-Diät' (z.B. maximal eine Stunde lesen, Musik hören oder fernsehen pro Tag).

Das Üben einer **reduzierten** Reizwahrnehmung sollte aber nicht bedeuten, statt der äußeren nun die inneren Reize zum Ziel der Wahrnehmung werden zu lassen. Gemeint ist vielmehr Ruhe für die Gedanken, also für die Reizverarbeitung.

3.3.3. Drei unterschiedliche Aspekte des Denkens

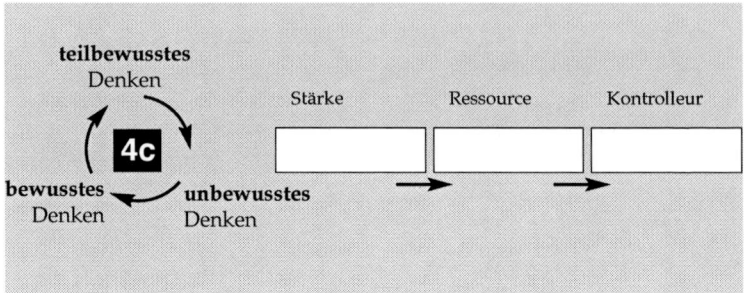

Denken meint hier das Verarbeiten (Einordnen, Vergleichen) der eingehenden Reize.

Bewusstes Denken ist Denken als Arbeit, also Rechnen, gezieltes Erinnern (etwa von Namen oder Vokabeln), Sortieren oder Abwägen von Argumenten. Auch zu viel bewusstes Denken kann Schaden anrichten, denn "alle Dinge sind Gift, nur die Dosis macht, dass ein Ding kein Gift ist." (PARACELSUS).

Teilbewusstes Denken begegnet uns im "dritten Zustand" (AMOS OZ) zwischen Schlafen und Wachen, beim Eintauchen in einen fesselnden Film oder beim Autofahren. Hier nimmt unser bewusstes Denken das unbewusste (noch) wahr.

Spätestens seit FREUD ist der **unbewusste** Teil unseres Denkens ins öffentliche Interesse getreten. Dazu gehören auch die Steuerung der autonomen Körperfunktionen wie Atmung oder Herzschlag. Wären uns sämtliche Vorgänge und Inhalte unseres Denkens bewusst, könnten wir vermutlich überhaupt nichts mehr von außen wahrnehmen; unsere Aufmerksamkeit wäre zu sehr von inneren Vorgängen beansprucht.

Auswirkungen der Psychographie im Alltag

Der psychographische Ansatz existiert seit über zehn Jahren. Welche Folgen der typorientierten Sichtweise lassen sich nun im täglichen Leben beobachten[31]?

1. Zuwachs an Selbsterkenntnis

Mit jedem Bereich, in dem man die eigene Gewichtung herausfindet, wächst die Erkenntnis über die individuelle (unbewusste) Persönlichkeitsstruktur. Immer häufiger wird man sich dabei 'ertappen', dass man sich typspezifisch verhält.

2. Ein anderes Lebensgefühl

Für viele steht als Folge des Wissens um die eigene Psychognomie und Typzugehörigkeit ein verändertes Lebensgefühl im Vordergrund. Für sie ist die Zugehörigkeit zu einer 'Typfamilie' die Bestätigung ihres eigenen Erlebens. Wenn man hört, dass es 'normal' ist, anders zu sein als andere, muss man sich nicht mehr bemühen, den Vorstellungen Dritter zu entsprechen. Man bekommt sozusagen die Erlaubnis für sein 'Sosein' und kann eigene Wege selbstbewusst gehen. Eine (Handlungstyp-) Teilnehmerin eines Seminars drückte es mit den Worten aus: "Hier habe ich gelernt, dass ich normal bin und so sein darf, wie ich mich fühle. Und dass ich nicht die Erwartungen anderer erfüllen muss." Dieses Gefühl, 'o.k.' zu sein, wurde bereits in der Transaktionsanalyse gefördert und mit dem Satz: "Ich bin o.k., du bist o.k." auf den Punkt gebracht.

3. Öfters lächeln können

Durch das psychographische Typwissen wird oft ein verständnisvolles Lächeln gegenüber dem Verhalten anderer möglich. Wo man sonst vielleicht vor einem Rätsel steht oder das Schlimmste vermutet, kann man aus dem Typwissen heraus den anderen in seiner typspezifischen Eigenart viel besser verstehen. Da diese Eigenarten häufig so überaus typisch sind, bleibt nichts als besagtes Lächeln. Es ist, als ob man für einen Moment die Welt mit den Augen des anderen sehen könnte.

4. Erweiterte Toleranz

Das Wissen um die Andersartigkeit eines Gegenübers macht allein noch keinen Unterschied. Erst durch den Glauben an die Gleichwertigkeit und den Respekt voreinander wird sich das Wissen um die Unterschiede in erweiterter Toleranz auswirken. Sehen wir in einem anderen einen besonders reifen oder weisen Menschen, werden wir ihm damit genauso wenig gerecht, wie wenn wir nur seine Schwachstellen beachten. Beobachtete Unterschiede sind allzu oft nur in der Typverschiedenheit begründet; diese ist aber weder eine Errungenschaft noch ein Vergehen, sondern eine Vorgabe der natürlichen bzw. angeborenen Persönlichkeitsstruktur.

Toleranz benötigt, damit sie tief greifend wird, auch Interesse und Neugier. Hat man sich dem Wesen und den Vorstellungen seines Mitmenschen tatsächlich genähert, kann es durchaus geschehen, dass man das, was man entdeckt, nicht lieben, unterstützen oder schätzen kann. Mit Hilfe der Psychographie gelingt es dann leichter, eine respektvolle Distanz einzuhalten, was ebenfalls ein Ausdruck von Toleranz ist. "Lass einen jeden sein, wer er ist, so bleibst du auch wohl, wer du bist." (MARTIN LUTHER, Tischreden 414).

5. Veränderung der Attribution (Zuschreibung)

Das eben Gesagte lässt sich noch radikaler ausdrücken: Weil die Unterschiedlichkeit in Folge der *Typverschiedenheit* so gravierend ist, lässt diese Sichtweise andere mögliche Ursachen in den Hintergrund treten. Konkret heißt das beispielsweise, dass aus psychographischer Sicht ein Sachtyp-*Mann* und eine Sachtyp-*Frau* mehr Ähnlichkeiten zeigen können als ein Sachtyp-Mann und ein *Handlungstyp*-Mann. Diese Aussage erscheint manchen überzogen oder sogar störend (für die eigene Identität), besonders wenn sie sich in ihrer persönlichen Sichtweise von 'typisch Mann' oder 'typisch Frau' gut eingelebt oder den jeweiligen kulturellen Erwartungen angepasst haben.

Falls die Psychographie aber eine treffendere Beschreibung der Wirklichkeit (im Hinblick auf Persönlichkeitsunterschiede) als andere Modelle leistet, erklärt sie damit einen Großteil der bisher üblichen Erklärungen für unpassend. Dasselbe gilt für Literatur, die versucht, den Geschlechtern bestimmte Persönlichkeitsmuster zuzuordnen. Nach Beobachtung vieler Psychographen wird man anderen Menschen viel eher dadurch gerecht, dass man ihren Persönlichkeitstyp ernst nimmt. Unter den Etiketten 'Kinder', 'Frauen' und 'Männer' sammeln sich allzu oft nur persönliche Erfahrungen oder gar Vorurteile.

6. Typspezifisches Verhalten gegenüber Kindern

Alles, was die Psychographie über die Persönlichkeitsunterschiede herausgefunden hat, lässt sich auch auf Kinder übertragen (vgl. S. 57). Selbstverständlich entwickeln Kinder vielerlei Eigenschaften, die unabhängig vom Persönlichkeitstyp ihre unverwechselbare Eigenheit ausmachen. Es zeigt sich aber, dass man sie viel besser versteht, wenn man das psychographische Wissen mit einbezieht.

Vereinfacht gesagt versucht man, einem Handlungstyp-Kind handlungstypisch zu begegnen (etwa, indem man ihm im Beziehungsverhalten das Tempo und die Initiative überlässt), dem Beziehungstyp-Kind beziehungstypisch (man zeigt Interesse und nimmt sich Zeit), dem Sachtyp-Kind sachtypisch (ruhig, sachlich und gelassen). Dazu kommt die Möglichkeit, das eigene Verhalten und die Interaktion (aus dem Wissen um den eigenen Typ heraus) besser zu verstehen. Ohne psychographisches Wissen bräuchte man dafür vermutlich ein halbes Leben an Erfahrung und Übung.

7. Typspezifische Lösungen

Ein Nutzen der psychographischen Sichtweise ist die Fähigkeit, Erzählungen über Probleme und Lösungen mit einem 'typspezifischen Etikett' zu versehen, bevor man sie im eigenen Erfahrungsschatz abspeichert. Sie tragen dann nicht mehr die Aufschrift "Erzählung von Herrn X oder Frau Y", sondern "Erzählung eines Denkers" oder "... eines Handlungstyps". So lassen sich leichter Ratschläge oder Tipps aus dieser vorsortierten Sammlung geben. Da man infolgedessen häufig positive Rückmeldungen seiner Gesprächspartner erhält, versucht man natürlich, dieses Repertoire zu erweitern. Ein (typfremder) Klient in der (typgerechten) Beratung fragte einmal: "Wieso verstehen Sie mich so gut, geht es Ihnen genauso?". Er war sichtlich verblüfft, auf Verständnis zu stoßen, obwohl man sich erst seit kurzem kannte. Ähnliches wird umso häufiger geschehen, je rascher man Typen auseinander halten kann und über typische Probleme und Lösungsansätze Bescheid weiß.

8. Wertschätzung

Was eigentlich selbstverständlich sein sollte, nämlich die Wertschätzung des anderen, gelingt mit Hilfe der Psychographie deutlich einfacher. Da man in 80 von 81 Fällen davon ausgehen kann, dass der andere nicht zum gleichen Untertyp gehört wie man selbst, wird man von vorneherein eine offene, aufmerksame Haltung einnehmen. Wenn man nun versucht, *typische* Stärken und Besonderheiten des anderen zu entdecken, findet man sie auch. Die unangenehmen oder unverständlichen Seiten lassen sich dann möglicherweise den bekannten Schwachstellen der einzelnen Typen zuordnen. Hat man etwas aber als *typisch* erkannt, lässt sich damit viel nachsichtiger oder verständnisvoller umgehen. Auch mit sich selbst, mit seiner eigenen, typischen Persönlichkeitsstruktur und ihren Auswirkungen wird man dann leichter auskommen. Über bewusst zustande gekommene Fortschritte kann man sich mehr freuen, als wenn diese scheinbar zufällig 'passieren'.

Besonders interessant ist es natürlich, einem Menschen zu begegnen, der zum gleichen Untertyp gehört. Solche Begegnungen sind anfangs fast unheimlich, da man sich in gewisser Weise wie in einem Persönlichkeitsspiegel betrachten kann.

9. Weitere mögliche Auswirkungen

Neben den oben ausführlich behandelten lassen sich weitere Auswirkungen der Psychographie beobachten:

- der Respekt vor den typspezifischen Grenzen der anderen
- das Gefühl der Zugehörigkeit zu mehreren Typfamilien (z.b. zu den Beziehungstypen, zu den Denkern ...)
- die Fähigkeit, das Verhalten anderer im Voraus einzuschätzen, wenn man deren Persönlichkeitsstruktur kennt
- das Erkennen der eigenen Schwachstellen und die Möglichkeit gezielter Ausgleichs- oder Trainingsansätze
- die Unterscheidung zwischen individuellen und typischen Eigenschaften anderer; damit wird man der Unverwechselbarkeit des Individuums eher gerecht
- der Zuwachs an zwischenmenschlicher Kompetenz
- die Fähigkeit, Verhaltensweisen anderer als 'normal' einzuordnen und entsprechend angemessen zu reagieren
- die Möglichkeit, rasch und treffend Alternativen aufzuzeigen, wenn jemand mit Schwierigkeiten um Hilfe bittet
- das Erkennen und Würdigen von typspezifischen Fortschritten (z.b., wenn Ressourcen aktiviert werden)
- das Gespräch über Dritte mit psychographisch geschulten Personen wird effektiver*
- das Erkennen von typspeziellen Ratschlägen Dritter wird möglich (z.B. in Büchern oder Gesprächen); man spart sich dadurch die Zeit, diese auszuprobieren, und dann zu merken, dass sie nicht zu einem passen

---

* die Personenbeschreibung: "Wir-Beziehungstyp, knapp vierzig, Denker, zukunftsorientiert" ist für Psychographen schon ausreichend, um sich eine ungefähre Vorstellung von der Persönlichkeit dieses Menschen zu machen

- der 'Schock' durch die Erkenntnis, dass eigene Stärken zum großen Teil nicht durch besondere Anstrengung erworben, sondern durch die natürliche Persönlichkeitsstruktur vorgegeben sind.

Für manche, die von der Psychographie hören (z.b. in der psychologischen Ausbildung), ergeben sich daraus keine gravierenden Änderungen im Erleben. Für sie ist es nur *eine* Sichtweise unter vielen möglichen. Andere haben Schwierigkeiten, sie zu verstehen oder sie in ihr Weltbild einzubauen. Wieder andere kommen nicht damit zurecht, dass man sie in 'Schubladen' steckt. Sie sind der Meinung, sie selbst würden niemand mit anderen vergleichen, sondern jeden einzelnen individuell wahrnehmen. Manche glauben auch, man dürfe andere nicht absichtlich (und schon gar nicht typgerecht) beeinflussen.

Wer sich aber bewusst bleibt, dass es normal ist, in erlernten Kategorien zu denken und dass man andere durch sein Verhalten auf jeden Fall beeinflusst ("man kann nicht *nicht* kommunizieren"*), wird vermutlich von der Psychographie auf die eine oder andere Weise profitieren.

Der Umgang mit den Möglichkeiten des psychographischen Wissens bedarf einer professionellen Haltung. Sie verlangt von allen, die mit Menschen zu tun haben (besonders mit Kindern) eine achtsame und respektvolle Vorgehensweise. Wissen bedeutet bekanntlich Macht (vor allem, wenn man damit gegenüber anderen im Vorteil ist). Die Reife eines Menschen lässt sich auch daran messen, wie er solche Macht einsetzt.

---

* Diese Erkenntnis aus der Kommunikationsforschung stammt von Watzlawick et. al. Im Vorwort zu "Lösungen" heißt es: "Man kann sich schwer vorstellen, wie irgendein Verhalten in Gegenwart eines anderen ohne Wirkung auf das Wesen der Beziehung zwischen diesen beiden Menschen bleiben könnte und wie es sich daher vermeiden ließe, den andern zu beeinflussen. (..) Die Frage ist daher nicht, wie Beeinflussung und Manipulation vermieden, sondern wie sie ihrem Wesen nach verstanden und im besten Interesse (...) angewendet werden können."

Typerkennung – wie kann man das lernen?

Realistischerweise kann man (mit etwas Übung) in 30-40% der alltäglichen Begegnungen den Typ erkennen. Anders ist dies in Situationen, in denen man Menschen sehr nahe kommt, etwa in der ärztlichen, pädagogischen oder beratenden Tätigkeit. Dann steigt der Prozentsatz auf vielleicht 80-90%. Diese Trefferquote bedeutet, dass die eigene Vermutung sich mit dem deckt, was der andere (nach ausreichender Information über die Psychographie) für sich selbst als Typ erkennt.

Neben den allgemeinen Regeln von S. 33 (konsensueller Aspekt, Typenbilder, typspezifische Anregungen) gibt es noch spezielle 'Typerkennungs-Tipps' für alle drei Grundtypen (aus der gesammelten Erfahrung von Psychographen):

Für Beziehungstypen ist es gut, sich mit der Zuordnung genügend Zeit zu lassen. Am ersten Eindruck sollte immer wieder gezweifelt werden, um nicht in die 'Eingeschränkte-Wahrnehmungs-Falle' zu tappen. Dann sieht man nur noch auf das, was der ersten Prognose nützt, und nicht mehr auf die ganze Breite der Wahrnehmung. Denn bei der Typerkennung achten wir nicht auf Merkmale, die jemand *ausschließlich*, sondern die er *bevorzugt* zeigt. Dazu bedarf es einer gewissen Informationsmenge, die nur im Laufe der Zeit gewonnen werden kann. Auch von einzelnen besonders typischen Merkmalen sollte man sich nicht zu rasch in Sicherheit wiegen lassen. Schon mancher Sachtyp hat einen ausgewählten Geschmack in Kleidungsfragen an den Tag gelegt (oder er hat einen Partner, der mit ihm einkauft) und immer wieder findet man sogar Handlungstypen mit ungepflegten Schuhen.

Für Handlungstypen ist es nützlich, mit dem Gegenüber in engeren Kontakt zu kommen. Dazu sollte man etwas Beziehungsbereitschaft signalisieren, z.B., indem man von sich selbst etwas Persönliches erzählt. Auch das Wahrnehmen der positiven Eigenschaften des anderen und deren Vergleich mit Personen, von denen man den Typ bereits weiß (und sie näher kennt), kann weiterbringen. Zu ähnlichen Typen bildet sich meist ein ähnliches Verhältnis heraus, das man zur Unterscheidung mit heranziehen kann.

Sachtypen scheinen die Fähigkeit besonders entwickeln zu können, anhand äußerer Merkmale die Typen zu erkennen. Dazu bedarf es der besonderen Aufmerksamkeit, z.B. auf Schuhe, Kleidung, Accessoires, Handschrift, Mimik, Handbewegungen oder den Gang. Dies hier auszuführen, würde zu weit gehen – jeder kann aber für sich (anhand von Personen, deren Typ er sicher kennt) ein eigenes Unterscheidungsrepertoire aufbauen. Zum Erfolg führt auch, miteinander zu reden und sich so mehr Hinweise zu verschaffen. Sachtypen hilft es, zuerst eine von drei Möglichkeiten auszuschließen, so dass nur noch zwei Alternativen übrig bleiben.

Für alle Typen gilt offensichtlich, dass man mit typgleichen Personen die größten Schwierigkeiten bei der Typzuordnung hat. Daraus könnte man folgern, dass man bei Unterscheidungsproblemen zuerst an den eigenen Typ denkt und diese Möglichkeit unter die Lupe nimmt. Ebenfalls universell tauglich ist eine Art 'Sammelalbum', in das man sich diejenigen Bekannten, Familienmitglieder oder öffentlichen Personen notiert, von denen man den Typ relativ sicher kennt. So bildet sich ein eigenes Erfahrungsprofil für die verschiedenen Typen heraus, anhand dessen man alle weiteren Personen vergleichen kann. Häufig bestätigt sich der Eindruck einer optischen Ähnlichkeit in Bezug auf die Typgleichheit. Unverzichtbar ist auch ein genügend großes Repertoire an gezielten Fragen (aus den Typbildern ab S. 34 abgeleitet), durch die man nach typischen Merkmalen bzw. deren Häufung forscht.

Wenn man bei entsprechenden Anlässen unbekannte Menschen kennen lernt, kann man eine geeignete (nicht zu private) Frage stellen, um die eigene Hypothese ('Typverdacht') zu testen. Solche Fragen sind ideal, wenn sie sich auf das gerade Erzählte beziehen, so dass nicht der Eindruck eines Verhörs entsteht. Beispielsweise dann, wenn ein (vermuteter) Sachtyp von seinen beruflichen Erfolgen erzählt, kann man ihn fragen, was denn sein Ziel auf der Karriereleiter sei. Fällt ihm die Antwort allzu leicht, geht man eher der Handlungstyp-Spur nach. Erzählt ein (vermuteter) Beziehungstyp von seinen Interessen, kann man ruhig nach der Dauer dieses Interesses fragen. Beschäftigt er sich schon seit mehreren Jahrzehnten mit dem Thema, klingt das eher nach Sachtyp. Eine Bestätigung des 'Handlungstyp-Verdachts' kann beispielsweise so aussehen: Der Gesprächspartner beklagt sich über seinen Arzt und die andauernden Schmerzen, die das Arbeiten zur Qual machen. Auf die Entgegnung "eine Zumutung, solche Beschwerden" wird der Handlungstyp wahrscheinlich zustimmend reagieren; ein Beziehungstyp mag entgegnen, dass er trotz allem positiv gestimmt der weiteren Entwicklung entgegensieht.

Mit der Zeit wird man so (durch Erfolge und Misserfolge) die Typerkennung immer weiter optimieren. Ideal ist es natürlich, Freunde, Bekannte, Kollegen oder einen Partner zu haben, um die eigenen Erfahrungen auszutauschen. Gut eignen sich dazu so genannte 'Psychographische Abende' (vgl. S. 77).

In den letzten Jahren wurden verschiedene Testbögen oder Testfragen mit eher mäßigem Erfolg ausprobiert. Ein wirklich guter Test müsste wohl die typspezifischen Eigenschaften und Erlebensweisen berücksichtigen, das heißt, für jeden Typ müsste ein typgerechter Test entworfen werden. Diese Forderung ist jedoch ein Paradox (es sei denn, derjenige, der die Tests ausgibt, hätte die Fähigkeit, die Typzugehörigkeit der Testpersonen schon *vor* Ausgabe des Tests zu erkennen).

Das Rätsel der Typentstehung

Unter den Psychographen finden sich zwei Meinungen zur Typenstehung: Für die einen sind die Typen tatsächlich existent, so wie Bäume existent sind. Für die anderen ist die Psychographie nur ein Konstrukt, ein Modell, also *eine* mögliche Betrachtungsweise. In ihrem Denken existieren die Typen nicht unabhängig vom Beobachter. Somit ist es auch keine wichtige Frage, wie die Typunterschiede ursächlich entstehen. Und folgerichtig haben sie auch kein Problem damit, Tiere, Pflanzen oder sogar Alltagsgegenstände auf ihren Typ hin zu untersuchen. Denn wenn Typunterscheidungen im Kopf des Betrachters entstehen, ist dies möglich, ohne lächerlich zu wirken; die Kriterien für die Typunterscheidung liegen dann nicht im beobachteten Objekt, sondern im Beobachter selbst[32].

Da sich der Autor mehr letzterer Gruppe zuordnet, würde er auch dem Satz: "Die Typen entstehen durch die Beobachtung" zustimmen. Trotzdem kann gefragt werden, ob es einen Zeitpunkt gibt, bei dem etwas physikalisch Greifbares passiert, das zu den beobachteten Typunterschieden der Grundtypen führt. In "Die Psychognomie des Menschen" wurde 1999 die Hypothese aufgestellt, bei der Zeugung könnten Eizelle und Samenzelle eine elektrische Ladung haben, durch deren Zusammentreffen (+/+, +/-, -/-) drei verschiedene Grundmuster als 'Ersterfahrung' vorgeprägt würden.*

Betont werden muss, dass dies *nur eine Idee* ist und vielleicht denjenigen entgegenkommt, die nach einer biologischen Ursache für die Typentstehung suchen**.

---

* Das hieße aber, dass es von den (+/-) – Typen statistische gesehen mehr geben müsste als von den anderen. Dies ist offenbar nicht der Fall.

Interessant in dieser Hinsicht ist auch der Eindruck, dass die Typen innerhalb einer Familie auffällig oft in einem harmonischen Verhältnis stehen. Sind beispielsweise die Eltern Sachtyp und Handlungstyp, ist das erste Kind (nach der bisherigen Beobachtung) überdurchschnittlich oft ein Beziehungstyp. Oder die Kindern wechseln sich in größeren Familien im Typ ab. Sogar die Bevorzugungen in den Unterbereichen zeigen solche Phänomene. Beispielsweise haben sich in einer Familie mit drei Beziehungstyp-Kindern diese alle neun Unterbereiche 'aufgeteilt'. Es könnte sich natürlich wegen der geringen Zahl der untersuchten Familien um Zufallstreffer handeln, trotzdem sind die Beteiligten oft überrascht, wie die Gewichtungen zueinander passen***.

** Selbst wenn sich eines Tages ein objektives (biologisches) Kriterium findet, anhand dessen drei Typen unterschieden werden können, lassen sich daraus nicht zwangsläufig philosophische oder psychologische Folgerungen ableiten (wie die, dass Beziehungstypen den Lebensbereich 'Zeit' vernachlässigen). Es darf nicht vergessen werden, dass die Psychographie zu den *Geisteswissenschaften* gehört, die das Ziel haben, menschliche Lebensäußerungen zu verstehen. Außerdem arbeitet sie mit einem 'induktiven' Ansatz; d.h., sie schließt aus wenigen Einzelbeobachtungen auf alle Menschen und beobachtet dann, ob die Schlüsse gerechtfertigt waren. Selbst wenn die Annahmen bei einzelnen Individuen also nicht zutreffen (oder sich einzelne Personen keinem Typ zuordnen lassen), wird dadurch nicht die gesamte Theorie unbrauchbar.

Im Gegensatz zu einem *Naturwissenschaftler* (der Naturerscheinungen erforscht, beschreibt und vorhersagt) könnte eine nützliche Typologie (die sich mit gedanklichen Unterschieden der Beobachtungen beschäftigt) auch ohne ausführliche Untersuchungen nur 'vom Schreibtisch aus' entworfen werden. Für die Unterscheidung von Persönlichkeitsstrukturen scheint diese Methode die einzig erfolgversprechende zu sein. Denn wer kennt schon eine aussagekräftige Zahl von Menschen so gut, dass er die Unterschiede zwischen ihnen erfassen und dazu noch in allgemein verständlichen Worten ausdrücken kann? Durch die nachvollziehbare Forderung nach absoluter Genauigkeit wird selbstverständlich *jede* Typologie unmöglich. Wer einen bestimmten Menschen genau kennen lernen möchte, wird dies am leichtesten dadurch erreichen, dass er sich mit ihm persönlich auseinander setzt - nicht, indem er in einem Buch über dessen Typ liest.

Die Psychographie ist und bleibt (unabhängig von möglichen weiteren Erkenntnissen) eine 'ungenaue', 'unscharfe' Wissenschaft. Damit ist sie jedoch in guter Gesellschaft.

*** Diese Beobachtung hält offensichtlich einer genaueren Untersuchung nicht stand. Trotzdem bedeutet für viele Kursteilnehmer und Nutzer der Psychographie die Einsicht in die Typzugehörigkeit ihrer Familienmitglieder (auch aus der Herkunftsfamilie) in der Regel einen Zuwachs an Verständnis – z.B. was die Interaktionsmuster betrifft. Diese werden häufig aus der Kindheit ins Erwachsenenleben übernommen. Fühlte man sich etwa bei einer Beziehungstyp-Oma sehr wohl, wird man dies später wieder erleben.

Begriffe rund um die Psychographie von A-Z

Alternativen, dritte

Die dritten Alternativen (–> Triaden) sind ein Teil des psychographischen Grundverständnisses. Überall dort, wo durch Gegensatzpaare (z.b. Ja – Nein) eine Einschränkung der Lebensmöglichkeiten entsteht, eröffnen sie einen Ausweg, da sie eine andere Perspektive anbieten. "Um klar zu sehen, genügt oft ein Wechsel der Blickrichtung." (ANTOINE DE SAINT-EXUPÉRY) –> Trialismus –> Ressourcen

Ausgeglichenheit

In der Psychographie versteht man unter A. die Fähigkeit, alle Bereiche oder Möglichkeiten einer –> Triade gleichermaßen zu nutzen, je nachdem, was der Situation angemessen ist. Ein Zitat FRIEDRICH SCHILLERS drückt diesen Gedanken so aus: "strebe nach Ruhe, aber durch das Gleichgewicht, nicht durch den Stillstand deiner Tätigkeit!" vgl. –> zweidimensional

Ausnahmen

Begriff aus der lösungsorientierten Psychologie. In der Psychographie bedeutend bei der Suche nach Erfahrungen mit den individuellen –> Ressourcen. Was ausnahmsweise manchmal gelingt, kann durch Bewusstmachung, Beobachtung und Training verstärkt werden.

Bevorzugung

Die Bevorzugungstheorie gehört zu den zentralen Annahmen der Psychographie. B. meint eine im Vergleich mit anderen Möglichkeiten bzw. im Vergleich mit anderen Individuen überstarke Nutzung einer von drei möglichen Alternativen. Die Bevorzugung eines Bereiches ist so lange ein unbewusster Vorgang, bis das Wissen darum verfügbar ist. Dann kann sie vermindert werden, z.b. indem gezielt die –> Vernachlässigungen des –> Sekundärbereichs genutzt werden.

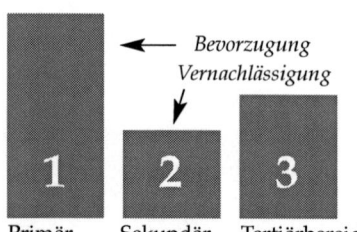

Primär- Sekundär- Tertiärbereich

Bevorzugung meint nicht die *alleinige* Wahrnehmung eines Bereiches, sondern dessen *bevorzugte*. Dies ist besonders in Stresssituationen deutlich zu beobachten. Dann vergisst man leicht die –> Ressourcen.

Beziehung

In der Psychographie neben –> Zeit und –> Tätigkeit einer der drei als grundlegend angenommenen –> Lebensbereiche. Umgangssprachlich auch als Verknüpfung, Zusammenhang, Kontakt, in Bezug auf, beziehungsweise, Verbindung usw. in Erscheinung tretend. "Im Grunde sind es doch die Verbindungen mit Menschen, welche dem Leben seinen Wert geben." (HUMBOLDT) Neben sich selbst und dem Anderen als Gegenüber sind auch Beziehungen zu Pflanzen, Tieren oder unbelebten Objekten Teil des Beziehungsbereichs.

Beziehungstyp

Bezeichnung für denjenigen Grundyp, der bevorzugt den Lebensbereich Beziehung wahrnimmt. –> beziehungstypisch

Beziehungstyp 1, Beziehungstyp 2

Bezeichnungen von D. FRIEDMANN (bis 1997) zur Unterscheidung zwischen 'ichvergessender' und 'ichbezogener' Ausprägung dieses Typs. Später durch das 'Ich-Wir-Du-Konzept' von W. WINKLER ersetzt. –> Ich-Beziehungstyp –> Wir-Beziehungstyp –> 'Du-Beziehungstyp'

beziehungstypisch

Eigenschaften aus den –> Triaden, die bevorzugt dem –> Beziehungstyp zugeordnet werden. Im engsten Sinne beziehungstypisch ist jedoch nur die Bevorzugung des Lebensbereichs 'Beziehung' und die Vernachlässigung des Lebensbereichs 'Zeit'. Je mehr beziehungstypische –> Gewichtungen der Einzelne aufweist, desto ähnlicher wird er dem 'reinen' Beziehungstyp, also dem –> Du-Beziehungstyp, der gleichzeitig –> gegenwartsorientiert und –> Fühler ist.

Flava-Flava FF 14
Du-Beziehungstyp
gegenwartsorientiert
Fühler

Blua, blua

(*esp. blua* blau) Von W. WINKLER (1999) eingeführte fachsprachliche Benennung des –> Sachtyps sowie der dazugehörigen –> psychographischen Farbe. Symbol für Blua ist das Quadrat. Die 'Farbe' oder der Charakter blua ist kennzeichnend für die Begriffe 'Zeit', 'Vergangenheit', 'denken', 'Ich-Beziehung' und weitere –> Triaden. Man findet diese Wesenszüge u. a. in folgenden Naturbildern: Schildkröte, Wal, Elefant, Mammutbaum, Weinstock, Nebel, Eisbär, Giraffe, Kaktus, Adler, Dromedar, Kieselstein. –> sachtypisch

Blua-Blua

Fachsprachlich für –> Vergangenheits-Sachtypen.

Blua-Flava

Fachsprachlich für –> Gegenwarts-Sachtypen.

Blua-Ruga

Fachsprachlich für –> Zukunfts-Sachtypen.

Charakter

(*griech. charassein* ritzen, prägen) Gesamtheit der nicht-körperlichen Eigenschaften eines Menschen, seine Art oder Wesensart. Häufig mit moralischen oder beurteilenden Wertmaßstäben versehen ("ein angenehmer Charakter"). Im Charakterbegriff fallen –> typische und individuelle Merkmale zusammen. Aus psychographischer Sicht könnte ein Großteil der üblicherweise dem 'Charakter' zugeordneten Eigenschaften passender als 'typspezifisch' verstanden werden.

Dasein

Im Modell von W. WINKLER eine mögliche Umschreibung des Bereiches –> Zeit, also des –> sachtypischen Lebensbereiches. In der Philosophie auch als 'Existenz', 'Vorhandensein schlechthin' oder 'das Sein' bezeichnet (vgl. HEIDEGGERS 'Existentialphilosophie' oder den 'Existentialismus' von SARTRE bzw. CAMUS*). BERT BRECHT lässt in seiner Inszenierung des Schweyk diesen sagen: "Verlangen's nicht zuviel von sich. Es ist schon viel, wenn man überhaupt noch da ist heutzutag."

Denken

In der psychographischen Unterscheidung Sammelbegriff für alle reizverarbeitenden Vorgänge des Gehirns. Der Begriff 'Denken' lässt sich als –> Triade unterteilen in bewusstes, teilbewusstes und unbewusstes Denken. Schon 1874 fasste E. VON HARTMANN in seinem Buch "Philosophie des Unbewussten" ein breites Spektrum an Erkenntnissen über diesen Bereich zusammen. Der Unterschied zwischen teilbewusstem Denken (im Traum) und bewusstem Denken wurde treffend von FR. HÖLDERLIN in lyrische Worte gefasst: "O, ein Gott ist der Mensch, wenn er träumt, ein Bettler, wenn er nachdenkt."

Denker

In der Psychographie Bezeichnung für Menschen, die auf der Tätigkeitsebene den Unterbereich 'Denken' bevorzugen und

---

* Sehr deutlich drückt diese sachtypische Sicht auch JASPERS Beschreibung des Seins aus: das "Umgreifende, das ich als lebendiges Wesen mit Anfang und Ende bin, als solches der Wirklichkeitsraum in dem alles ist, was ich bin und was für mich ist." (Jaspers, K., 1960, Psychologie der Weltanschauung).

dafür den Bereich –> 'Machen' vernachlässigen. Denker gibt es nach W. WINKLER sowohl bei –> Beziehungstypen, –> Handlungstypen und –> Sachtypen; nach D. FRIEDMANN nur bei Sachtypen.

Denker-Handlungstypen
–> Handlungstypen, die auf der Tätigkeitsebene den Unterbereich 'Denken' bevorzugen. –> Denker –> Ruga-Blua

Dozent/in für Psychographie (PGI)
Von der –> Psychographie-Initiative 1999 eingeführter Titel zur Zertifizierung lehrender Mitglieder. Dafür ist eine umfangreiche Facharbeit zu einem noch nicht beschriebenen Anwendungs- oder Forschungsbereich der Psychographie vorzulegen. Die Bewertung erfolgt durch ein qualifiziertes Gremium.

Dreieck
In der psychographischen Symbolik das Zeichen für –> ruga. –> Quadrat, –> Kreis

Du
Kurzform für 'Du-Beziehung'. Als Du-Beziehung werden, im Gegensatz zur 'Ich-Beziehung' oder 'Wir-Beziehung', diejenigen Beziehungsaspekte bezeichnet, die sich auf ein Gegenüber (auch ein nicht-menschliches) beziehen und bei denen –> Wir und –> Ich in den Hintergrund treten. –> Du-Beziehungstyp

Dualismus
(philosoph.) Weltsicht, nach der es nur zwei gegensätzliche Pole gibt, die in unterschiedlichen Formen in Erscheinung treten (schwarz-weiß, gut-böse, hell-dunkel, Leib-Seele usw.). Im Gegensatz dazu stehen der –> Monismus, für den alles eine Einheit bildet, und der –> Trialismus, der auf Dreiheiten aufbauend seine Weltsicht entwickelt.

Du-Beziehungstypen

Beziehungstypen, die als bevorzugte Beziehungsart die 'Du-Beziehung' erleben. Dagegen treten die unter dem Oberbegriff 'Ich-Beziehung' zusammengefassten Eigenschaften in den Hintergrund. Dazu gehören z.b. Selbstbewusstsein, Fähigkeit zu gesundem Egoismus oder Unterscheidung zwischen 'Ich' und 'Du'. Du-Bezogenheit als Bevorzugung lässt sich bei allen drei Grundtypen beobachten, sie tritt jedoch beim Du-Beziehungstyp besonders stark in Erscheinung. So sagt er häufig statt "Ich möchte ..." lieber "Möchtest du nicht ..." oder statt "Ich bin glücklich/ängstlich" sagte er "Du machst mich glücklich/ängstlich".

Du-Bezogenheit

Die Fähigkeit jedes Menschen, sich auf eine Beziehung zu einem Gegenüber einzulassen. Je nach Ausprägung bilden die Menschen, auf die man sich als 'Du' bezieht, einen Teil der persönlichen Identität (neben den Ich- und Wir-Bezügen). In der arabischen Dichtung von AL-HALLADSCH lyrisch ausgeformt: "In meinem Herzen kreisen alle Gedanken um dich." oder von QADI QADAN: "Schlaf ich, sitz ich, stehe ich, rede oder singe/ Immer ist mein Herz bei dir, dass zu dir es ginge!" (dt. von Annemarie Schimmel).

Einzigartigkeit

Die Summe aller individuellen Merkmale, die zusammen das unverwechselbare Profil eines Menschen ausmachen. In körperlicher Hinsicht sind dies z.b. das genetische Muster, die Fingerabdrücke und die Zeichnung der Augennetzhaut. GORDON W. ALLPORT (1897-1967) war bestrebt, diesen Aspekt von anderen zu trennen und dafür geeignete Vorgehensweisen zu entwickeln. Seine Methodik bestand darin, mit Hilfe von sog. Maßzahlen (Bewertungen) in einem Erhebungsbogen die charakteristische Struktur des Einzelnen zu erfassen. Er führte den Begriff 'Psychographie' in die Psychologie ein und prägte

den Aphorismus:
"Jeder Mensch ist in gewisser Hinsicht
a) gleich allen anderen Menschen
b) gleich einigen anderen Menschen
c) gleich keinem anderen Menschen."

In diesem Sinne beschäftigt sich die Psychographie seit D. FRIEDMANN besonders mit dem Aspekt *"b) gleich einigen anderen Menschen"*. Die Einteilung in Typfamilien (Grundtypen, Untertypen und Gruppen von gleichen Bevorzugungen, z.B. die Denker) widerspricht daher nicht der Vorstellung von einer Einzigartigkeit des Individuums. Im Gegenteil, durch das Erfassen und Wahrnehmen von –> typspezifischen Merkmalen tritt die Einzigartigkeit der jeweiligen Persönlichkeit deutlicher in Erscheinung. HERMANN HESSE lässt seine Romanfigur Narziß sagen: "an jedem Menschen die Merkmale finden, die ihn von anderen unterscheiden, heißt ihn erkennen."

Eltern-Ich

In der Transaktionsanalyse von ERIC BERNE einer der drei 'Ich-Zustände'. Berne wurde für seine Dreiteilung des Ichs in 'Kind-Ich', 'Erwachsenen-Ich' und 'Eltern-Ich' insofern kritisiert, dass man folgerichtig auch von 'Großeltern-Ich', 'Tanten-Ich' oder 'Geschwister-Ich' sprechen könnte.

Aus psychographischer Sicht lässt sich dieses Unbehagen mit einer misslungenen Dreiteilung erklären. Denn 'Kind, Erwachsener, Eltern' sind keine Begriffe, die gemeinsam eine logische –> Triade bilden (weil Eltern gleichzeitig Erwachsene sind). Dagegen würden die Begriffe 'Kind', 'Vater', 'Mutter' eine solche darstellen. Sie bezeichnen drei extreme Möglichkeiten innerhalb der Familie. Die passende Triade könnte dann beispielsweise wie auf der nächsten Seite dargestellt aussehen. Folglich wäre das 'Eltern-Ich' der Transaktionsanalyse die 'väterliche' Seite eines Menschen; sie tritt nach psychographi-

scher Beobachtung verstärkt bei
–> Sachtypen in Erscheinung.

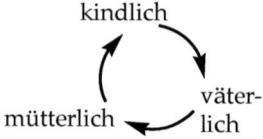

Enneagramm

Vermutlich sehr altes Typenmodell der Unterscheidung in neun Typen. Durch das Fehlen einer textlichen Urquelle und die bis Anfang des 20. Jahrhunderts (angeblich) ausschließlich mündliche Überlieferung ergeben sich z.T. stark abweichende Typbeschreibungen. Die 'Moral' des Enneagramms wird je nach Autor weltanschaulich oder religiös sehr einseitig interpretiert. D. FRIEDMANN nahm in 'Die drei Persönlichkeitstypen und ihre Lebensstrategien' Bezug auf das Enneagramm. Für die Praxis weniger tauglich macht dieses Modell zwar die fehlende Begründung für die Typenbildung; dafür beinhaltet es bereits eine der Psychographie vergleichbare Prozessorientierung. Auch lassen sich manche der psychographischen Typen in den Beschreibungen des Enneagramms recht gut wiederfinden, z.B. der 'Einser' als 'Fühler-Handlungstyp' oder der 'Fünfer' als 'Gegenwarts-Sachtyp'. –> Typenkreis –> Leittypen

Entwicklungsbereich

Von D. FRIEDMANN eingeführte Bezeichnung für den vernachlässigten Lebensbereich, welcher auf den bevorzugten folgt. Von W. WINKLER als 'Ressource' bzw. 'Vernachlässigung' bezeichnet und als –> Sekundärbereich auf alle –> Triaden angewandt.

Erkenntnistyp

Alternative Benennung des –> Sachtyps von D. FRIEDMANN.

Erwachsenen-Ich

In der Transaktionsanalyse von ERIC BERNE einer der drei 'Ich-Zustände'. –> Eltern-Ich.

Existenz
In der Psychographie nach W. WINKLER im Sinne von 'zeitlicher Existenz' bevorzugter Lebensbereich der –> Sachtypen. –> Dasein.

Familien-Typverteilung
Eine auf Basis der Einzel-Typanalyse erfolgende Betrachtung von Familien. Dabei können den Familienmitgliedern nur deren Grundtyp oder das komplette –> Psychogramm zugeordnet werden (vgl. die Ausführungen zu den Interaktionsmustern ab S. 46 u. S. 148ff.).

Farbe, psychographische
Metapher für Ähnlichkeiten und Unterschiede der in den –> Triaden zusammengefassten Begriffe. Da für diese Eigenschaften keine vorhandenen und passenden Begriffe zur Verfügung standen, wurden aus der Kunstsprache Esperanto die Wörter für gelb *(flava)*, blau *(blua)* und rot *(ruga)* entlehnt. In mehrfarbigen Abbildungen der –> Psychogramme werden diese zur Veranschaulichung in den entsprechenden Farben dargestellt (vgl. S. 91ff.).

Flava, flava
(esp. flava gelb) Von W. WINKLER (1999) eingeführte fachsprachliche Benennung –> Beziehungstyps sowie der dazugehörigen –> psychographischen Farbe. Symbol für Flava ist der Kreis. Die 'Farbe' oder der Charakter flava ist kennzeichnend für die Begriffe 'Beziehung', 'Gegenwart', 'fühlen', 'Du-Beziehung' und andere –> Triaden. Man findet diese Wesenszüge u. a. auch in folgenden Naturbildern: Schmetterling, Delfin, Blumenwiese, Wolken, Regenbogen, Sonnenblume, Pfau, Papagei, Sternschnuppe, Reh. –> beziehungstypisch.

Flava-Blua
Fachsprachlich für –> Ich-Beziehungstypen.

Flava-Flava
Fachsprachlich für —> Du-Beziehungstypen.

Flava-Ruga
Fachsprachlich für —> Wir-Beziehungstypen.

Fühlen
In der psychographischen Unterscheidung Sammelbegriff für alle Reizaufnahmen des Nervensystems, z.B. hören, sehen, lesen, riechen, schmecken, tasten. Auch das Wahrnehmen des eigenen Körpers gehört dazu. Der Begriff 'Fühlen' lässt sich als —> Triade unterteilen in 'unausweichliches', 'reduziertes' und 'gesteuertes' Fühlen (vgl. S. 119).

Fühler
In der Psychographie Bezeichnung für Menschen, die im Tätigkeitsbereich den Unterbereich 'Fühlen' bevorzugen und dafür den Bereich —> 'Denken' vernachlässigen. Fühler gibt es nach W. WINKLER sowohl bei —> Beziehungstypen, —> Handlungstypen und —> Sachtypen. Nach D. FRIEDMANN nur bei Beziehungstypen.

Fühler-Handlungstypen
—> Handlungstypen, die auf der Tätigkeitsebene den Unterbereich 'Fühlen' bevorzugen. —> Fühler —> Ruga-Flava

Gegenwart
Auch als 'Moment', 'jetzt', 'der Augenblick' etc. bezeichnet. Teil der Zeit-Triade 'Gegenwart/Vergangenheit/Zukunft'.

Gegenwartsorientierung, gegenwartsorientiert
Die Bevorzugung des Zeit-Unterbereichs —> Gegenwart. Sie kann bei allen drei Grundtypen beobachtet werden, tritt aber beim —> Gegenwarts-Sachtyp besonders auffällig in Erscheinung. Gegenwartsorientierte Menschen haben die Fähigkeit,

in besonderem Maße im 'Hier und Jetzt' zu leben. Auf der anderen Seite fällt es ihnen schwerer, die Vergangenheit präsent zu haben oder sich zu erinnern. Für den Autor steht der frühere deutsche Bundeskanzler HELMUT KOHL stellvertretend für diesen Typ. Neben seiner Fähigkeit, in der jeweils aktuellen Situation kompetent zu reagieren, fällt seine Vergesslichkeit für Details der Vergangenheit auf. GERHARD HAUPTMANN ermunterte zur Gegenwartsorientierung mit den oft (abgewandelt) zitierten Worten: "Lebe jeden Tag, als ob er dein erster und dein letzter wäre!"

Gegenwarts-Sachtyp
–> Sachtypen, die auf der Zeitebene den Unterbereich 'Gegenwart' bevorzugen. –> gegenwartsorientiert –> Blua-Flava

Gewichtung
Überbegriff für –> Bevorzugungen und –> Vernachlässigungen

Grundbereich, Grundebene
(Erläuterung auf der nächste Seite)

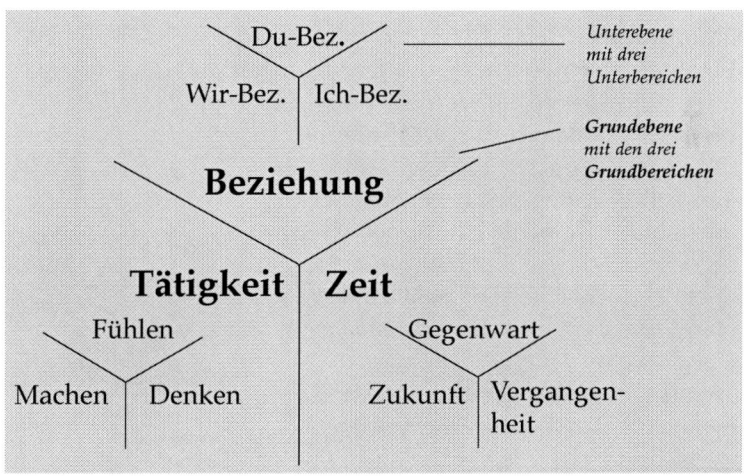

Unter den Grundbereichen versteht man die drei Bereiche 'Beziehung', 'Zeit' und 'Tätigkeit' (auf der Grundebene).

Neben dieser *Grund*ebene stehen die *Unter*ebenen. In jeder *Unter*ebene finden sich drei Unter*bereiche*. Insgesamt beachtet die Psychographie für die Typunterscheidung somit 12 Lebensbereiche (drei Grund- und neun Unterbereiche) auf vier Ebenen (eine Grundebene, drei Unterebenen).

Handlungstyp
Bezeichnung für denjenigen psychographischen –> Typ, der bevorzugt den Lebensbereich –> Tätigkeit wahrnimmt.

Handlungstyp 1, Handlungstyp 2
Bezeichnungen von D. FRIEDMANN (von 1996-1997) zur Unterscheidung zwischen 'ichvergessender' und 'ichbezogener' Ausprägung dieses Typs. Später teilweise ersetzt durch die Typenunterscheidungen der 'Bauchtypen' im –> Enneagramm ('Achter', 'Neuner', 'Einser'). –> Beziehungstyp 1, Beziehungstyp 2, –> Sachtyp 1, Sachtyp 2

handlungstypisch
Eigenschaften aus den –> Triaden, die bevorzugt dem –> Handlungstyp zugeordnet werden. Im engsten Sinne handlungstypisch ist jedoch nur die Bevorzugung des Lebensbereichs 'Tätigkeit' und die Vernachlässigung des Lebensbereichs 'Beziehung'. Je mehr handlungstypische Eigenschaften der Einzelne aufweist, desto ähnlicher wird er dem 'reinen' Handlungstyp, also dem –> Macher-Handlungstyp, der gleichzeitig –> zukunftsorientiert und –> wir-bezogen ist. –> beziehungstypisch –> sachtypisch

Ruga-
Ruga
RR 68

Macher-Handlungstyp
Wir-bezogen
zukunftsorientiert

Herz, Geist, Hand

Dreiteilung der menschlichen Fähigkeiten, die von JOHANN HEINRICH PESTALOZZI (1746-1827) in die Pädagogik eingeführt wurde*.

Allerdings tritt bei Pestalozzi seine (vermutete) Bevorzugung, nämlich die des –> Handlungstyps, in den Vordergrund**. Unter den 'wahren Kräften' versteht er (wie sich in seinen Ausführungen nachlesen lässt) die körperlichen, handwerklichen Tätigkeiten. Darin stimmt er in weiten Teilen mit der Pädagogin MARIA MONTESSORI (1870-1952) überein. Aus psychographischer Sicht kommen solche Methoden zwar den Fähigkeiten der –> Macher sehr entgegen, fördern aber die Entwicklung der –> Denker (-kinder) besonders.

Ich

In der Psychographie Kurzform für 'Ich-Beziehung'. Als Ich-Beziehung werden (im Gegensatz zur 'Wir-Beziehung' oder 'Du-Beziehung') diejenigen Beziehungsaspekte bezeichnet, die sich auf die eigene Person beziehen und bei denen das –> Wir in den Hintergrund tritt. –> Ich-Bezogenheit

Ich-Beziehungstyp

Beziehungstypen, die als bevorzugte Beziehungsart die 'Ich-Beziehung' erleben. Die unter dem Oberbegriff 'Wir-Bezie-

---

* Er schrieb z.b. "... Ausbildung des Kopfes zum Denken, Ausbildung des Herzens zum menschenfreundlichen Handeln, Ausbildung des Körpers und der Glieder zu Fertigkeiten ..." (Abschiedsworte an die Kinder in Münchenbuchsee, 1804 in Ges. Werke, Bd. 6, S. 416, Rotapfel-Verlag, Zürich, 1946) oder an anderer Stelle: "Die Elementarbildung setzt sich nicht weniger vor, als durch die Gesamtheit und Übereinstimmung aller ihrer Mittel Herz, Geist und Hand zum Höchsten und Edelsten, dessen unsere Natur fähig ist, zu erheben." (ebd. Bd. 8, 'Geist und Herz in der Methode', S. 358).

** "Die voreilende Entwicklung des Kopfes und des Herzens zernichtet die wahren Kräfte des Menschen ..." (ebd., Bd.5, S. 223)

hung' versammelten Eigenschaften treten dagegen in den Hintergrund. Dazu gehören z.b. das Arbeiten oder die Identifikation mit Gruppen bzw. das Gefühl der Solidarität mit allen Menschen und Lebewesen. Da diese Fähigkeiten vernachlässigt oder unterrepräsentiert sind, üben sie auf alle –> ich-bezogenen Menschen eine große Anziehungskraft aus. Daher werden die Wir-Bezüge für die ich-bezogenen Typen auch als –> Ressource bezeichnet. Die –> Ich-Bezogenheit als Bevorzugung lässt sich bei allen drei Grundtypen beobachten, sie tritt jedoch beim Ich-Beziehungstyp besonders stark in Erscheinung. Für das Erkennen dieser wie anderer Bevorzugungen dient die Analyse der Sprachverwendung als eine Beobachtungsebene. –> Du-Beziehungstyp –> Wir-Beziehungstyp

Ich-Bezogenheit, ich-bezogen
Fähigkeit jedes Menschen, sich der Beziehung zu sich selbst bewusst zu sein, z.b. sich selbst zu reflektieren und zu hinterfragen. Die Ich-Bezogenheit hat in manchen Kulturen als 'Egoismus' einen 'Beigeschmack'. Paradoxerweise erleben sich häufig gerade die ich-schwachen Typen (also die du-bezogenen) als sehr egoistisch, wenn sie sich auf sich selbst beziehen. Ich-bezogene Typen erkennt man sehr oft daran, dass sie kein Problem darin sehen, sich als solche zu bezeichnen. Die Ich-Bezogenheit lässt sich in subjektve, objektive und konsensuelle Ich-Bezüge unterscheiden (vgl. S. 113).

Idealpartner
In der Psychographie Bezeichnung für Typkombinationen, die auf zwei von vier Unterscheidungsebenen in der –> Bevorzugung übereinstimmen und sich zusätzlich gegenseitig in einer Ebene die –> Ressource 'vorleben' (vgl. S. 49 u. S. 106).

Bezogen auf drei Personen finden sich für jeden der 81 Untertypen fünf zueinander passende 'Idealpartner', bei vier Beteiligten gibt es nur noch jeweils eine einzige Möglichkeit. Bsp.:

Nr. 3 und Nr. 50 haben als gemeinsame 'Idealpartner' die Nr. 19, 24, 42, 48 und 62; die Nr. 3, 24 und 50 zusammen haben nur noch die Nr. 19 als ideal passende 'Ergänzung' (siehe unten).

Interaktionsmuster
Neben den Interaktionsmustern zwischen zwei Personen (vgl. S. 46ff.) können auch die Interaktionsmuster in Gruppen analysiert werden. Dazu gibt es verschiedene Ansatzpunkte:

1. Bewegungsstruktur-Analyse: Welche Bevorzugungen der anderen werden als reizvoll angesehen? Die Bewegungspfeile zeigen die (unbewussten) Muster*.

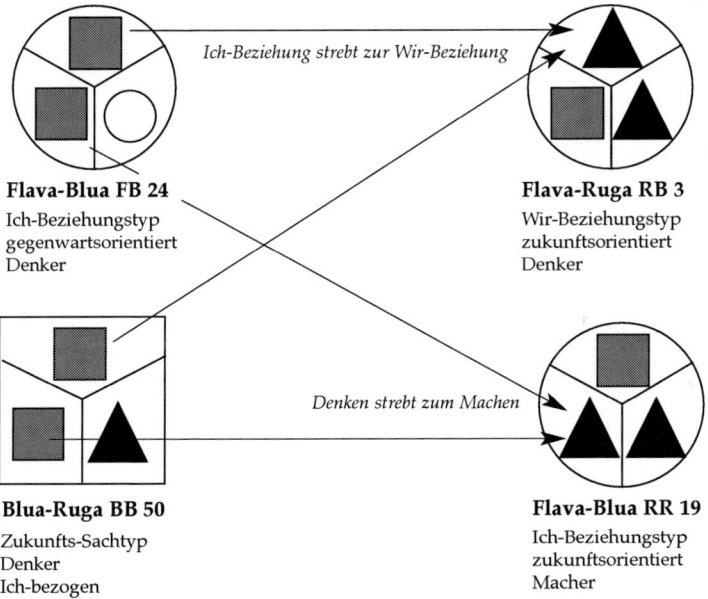

Ich-Beziehung strebt zur Wir-Beziehung

Flava-Blua FB 24
Ich-Beziehungstyp
gegenwartsorientiert
Denker

Flava-Ruga RB 3
Wir-Beziehungstyp
zukunftsorientiert
Denker

Denken strebt zum Machen

Blua-Ruga BB 50
Zukunfts-Sachtyp
Denker
Ich-bezogen

Flava-Blua RR 19
Ich-Beziehungstyp
zukunftsorientiert
Macher

* Aus Gründen der Übersichtlichkeit wurden nur einige Bewegungspfeile in den Unterbereichen ausgewählt – auch zwischen den Grundtypen (hier: Beziehungstypen in Richtung Sachtyp) existieren solche Muster.

2. *Analyse und Addition aller Bewegungsstrukturen*:*

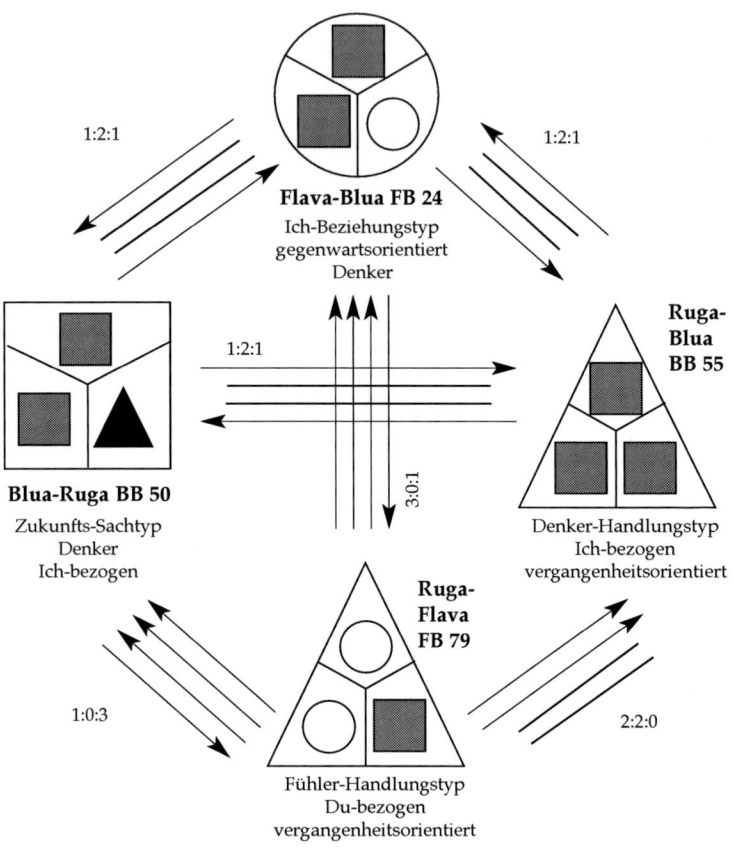

---

* Zusammengezählt ergeben sich folgende Pfeilrichtungen:

	für Typ Nr. 24:	für Typ Nr. 50:	für Typ Nr. 55:	für Typ Nr. 79:
reizvolle Gegenüber	5	3	4	8
Gemeinsamkeiten	4	4	6	2
Anziehungen	3	5	2	2

Man erkennt so z.B., dass für Nr. 79 diese Gruppe am meisten Reiz bietet und Nr. 55 am meisten Gemeinsamkeiten findet. Insgesamt zeigt sich hier eine ausgewogene Gruppe.

3. Auszählung aller 12 Bereiche nach deren Belegung (am Bsp.):

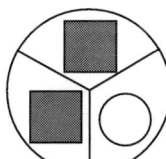 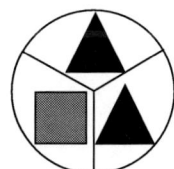 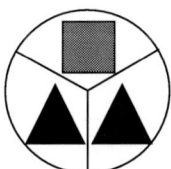 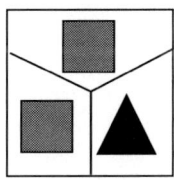

Flava-Blua FB 24	**Flava-Ruga RB 3**	**Flava-Blua RR 19**	**Blua-Ruga BB 50**
Ich-Beziehungstyp	Wir-Beziehungstyp	Ich-Beziehungstyp	Zukunfts-Sachtyp
gegenwartsorientiert	zukunftsorientiert	zukunftsorientiert	Denker
Denker	Denker	Macher	Ich-bezogen

Grundtypen / Grundbereiche:	Zeit:	1
	Tätigkeit:	0
	Beziehung:	3
Untertypen / Unterbereiche:	Vergangenheit:	0
	Zukunft:	3
	Gegenwart:	1
	Machen:	1
	Fühlen:	0
	Denken:	3
	Du-Beziehung:	0
	Ich-Beziehung:	3
	Wir-Beziehung:	1

Man kann so z.B. sehen, dass in dieser Gruppe eine Häufung bei Beziehungstypen, Denkern, Ich-bezogenen und Zukunftsorientierten herrscht. Es fehlen die Bevorzugungen, die vom Untertyp Nr. 79 repräsentiert werden. Solch eine Analyse bietet der Gruppe sicher reichlich Gesprächsstoff und die Basis, Interaktionen (auch nach außen) zu verstehen bzw. zu verändern.

In einem Unternehmen, das mit einem vergleichbaren Modell arbeitet, sind Typsymbole auf dem Namensschild neben der Bürotür angebracht. So weiß man schon beim Eintreten, mit welchem Typ man rechnen muss.

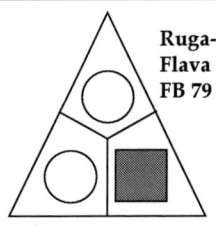

Ruga-Flava FB 79

Fühler-Handlungstyp
Du-bezogen
vergangenheitsorientiert

Ja

Teil der –> Triade 'Ja/Vielleicht/Nein'. Auch im Sinne von 'positiv', 'unkritisch' oder 'zustimmende Haltung' eine –> beziehungstypische Lebensäußerung. In der christlichen Sichtweise wurde die Einengung auf 'Ja' und 'Nein' durch die neutestamentliche Aussage "Eure Rede sei: Ja, ja; nein, nein. Was darüber ist, das ist vom Übel." (Evangelium nach Matthäus 5,37) verstärkt. Das –> 'Vielleicht' bzw. der –> Zweifel stellen demnach eine unerwünschte Haltung dar. Die 'Verteufelung' des Zweifels oder kritischer Äußerungen ist kennzeichnend für dogmatische Weltsichten. Da sich diese in der Position des Wissenden oder der absoluten Wahrheit sehen, kann es folgerichtig nur Annahme oder Ablehnung geben. Das 'Vielleicht' lässt vor allem Raum für das Entdecken von Neuem. "Es besteht ein riesiger Unterschied zwischen Lernen und Entdekken, was es noch zu lernen gibt." (RICHARD BANDLER). –> Modell –> Modellvielfalt –> Vielleicht

Kind-Ich

In der Transaktionsanalyse von ERIC BERNE einer der drei 'Ich-Zustände'. –> Eltern-Ich –> beziehungstypisch –> Flava

Kompetenzen

In der lösungsorientierten Psychologie die vorhandenen Fähigkeiten, das Vermögen oder der Erfahrungsschatz, der zur Lösung von Schwierigkeiten herangezogen werden kann. Aus psychographischer Sicht können alle Lebensbereiche und Möglichkeiten als Kompetenzen erfahren werden, wenn diese ihren passenden Stellenwert erhalten. Die Kompetenzen der –> Bevorzugungen (als eigentliche Stärken) bilden dann z.B. die Basis von Lösungsansätzen, die –> Ressourcen als Hilfsquellen oder 'Lösungen auf Vorrat' deren Ergänzung. Die –> Kontrolleure wiederum dienen zur Beurteilung der Lösungsversuche. Insgsamt könnte man die Psychographie treffend als "Inkompetenzkompensationskompetenz" (ODO MARQUARD) verstehen, da sie individuelle Wege für den gelingenden Ausgleich von Schwachstellen aufzeigt.

Komplexitätsvereinfachung

Ein von PAUL WATZLAWICK verwendeter Begriff für den Versuch, die komplexe menschliche Wirklichkeit mittels einfacher Modelle zu beschreiben. Dazu passt der Satz von EGON FRIEDELL (1878-1938)*: "Wir können die Welt nur unvollständig sehen. Sie mit Willen unvollständig zu sehen macht den künstlerischen Aspekt." Die Psychographie mit ihrer Unterscheidung von wenigen Typen kann als solche Komplexitätsvereinfachung verstanden werden**.

konsensuell

Im Gegensatz zu –> subjektiver und –> objektiver Wahrnehmung die Fähigkeit, sich auf eine gemeinsame Sicht zu einigen, zum Beispiel durch die einheitliche Verwendung bestimmter Begriffe. In der Psychographie ist die konsensuelle Übereinstimmung bei der –> Typanalyse von Bedeutung.

Konstrukte

(*lat. construere* = bauen) Gedankliche Hilfsmittel, um die erlebte Wirklichkeit in ein 'Gedankengebäude' zu fassen. Die persönlichen Konstrukte, die sich häufig durch die Verwendung von Sprache bilden, sind in der Regel subjektiver Art. "Die Welt des Glücklichen ist eine andere als die des Unglücklichen" (LUDWIG WITTGENSTEIN). In der Psychologie wurden K. immer mehr (z.B. von KELLY oder DE SHAZER) als wesentlich beachtet und zu therapeutischen Fortschritten herangezogen.

---

* aus dem Vorwort zu "Kulturgeschichte der Neuzeit"

** Einfache Modelle müssen nicht für alles geeignet sein. Es genügt, wenn sie für einen Teilbereich gelten und diese Grenze respektieren. So wird beispielsweise niemand einen Trauernden mit dem Hinweis trösten wollen, dass der "Verstorbene für einen Handlungstyp doch relativ lange gelebt hat".

Auch die Psychographie ist in gewisser Hinsicht ein solches Konstrukt, mit dessen Hilfe einzelne Phänomene (z.B. des zwischenmenschlichen Verhaltens) betrachtet und verglichen werden können.

Konstruktivismus

Eine Denkrichtung der Geisteswissenschaften, die im Wesentlichen darauf aufbaut, dass Menschen die Wirklichkeit nicht *wahrnehmen*, sondern (in Gedanken) *konstruieren*. Aus dieser Sicht könnte man schlussfolgern, dass jeder Mensch in einer eigenen Welt lebt, die sich nur an bestimmten Schnittstellen mit der von anderen überschneidet. Für manche Psychotherapeuten sind therapeutische Fortschritte vor allem deshalb möglich, weil sich die –> Konstrukte der Klienten durch Einflüsse von außen (z.B. die Beurteilung von Sachverhalten durch den Therapeuten) verändern oder verändern lassen. Als Autoren haben sich in dieser Richtung u.a. PAUL WATZLAWICK ("Wie wirklich ist die Wirklichkeit") und ERNST VON GLASERSFELD ("Wie wir uns erfinden") hervorgetan.

Kontrolleur

Von W. WINKLER in die Psychographie eingeführter Funktionsbegriff. Die 'Kontrolleure' stehen neben den individuellen 'Stärken' und 'Ressourcen' für die –> Tertiärbereiche innerhalb einer –> Triade. Für die Grundtypen bedeutet dies:

1. *Beziehungstypen* können anhand der Qualität ihrer –> Tätigkeiten kontrollieren, wie sie mit ihrer –> Ressource –> Zeit umgehen.

2. *Sachtypen* können anhand der Qualität ihres Beziehungserlebens kontrollieren, inwieweit sie dafür tätig geworden sind.

3. *Handlungstypen* können anhand der Qualität ihres Zeiterlebens kontrollieren, ob sie ihre –> Ressource –> Beziehung genutzt haben.

Dasselbe gilt für alle –> Typfamilien:

4. *Du-bezogene* können anhand ihrer –> Wir-Bezüge kontrollieren, ob sie ihre Ressource –> Ich-Beziehung beachtet haben.

5. *Ich-bezogene* können anhand ihrer –> Du-Bezüge kontrollieren, ob sie ihre Ressource –> Wir-Beziehung beachtet haben.

6. *Wir-bezogene* können anhand ihrer –> Ich-Beziehung kontrollieren, ob sie ihre Ressource –> Du-Beziehung beachtet haben.

7. *Vergangenheitsorientierte* können anhand ihres Erlebens der Gegenwart kontrollieren, wie sie mit ihrer –> Ressource –> Zukunft umgehen.

8. *Zukunftsorientierte* können anhand ihrer Sicht der Vergangenheit kontrollieren, wie sie mit ihrer Ressource –> Gegenwart umgehen.

9. *Gegenwartsorientierte* können anhand ihrer Einschätzung der Zukunft kontrollieren, wie sie mit ihrer Ressource –> Vergangenheit umgehen.

10. *Macher* können anhand ihres Denkens kontrollieren, ob sie ihre Ressource –> Fühlen genutzt haben.

11. *Fühler* können anhand ihres Machens (z.B. am Gelingen) kontrollieren, ob sie ihre Ressource –> Denken genutzt haben.

12. *Denker* können anhand ihres Gefühls kontrollieren, ob bzw. wie sie ihre Ressource –> Machen genutzt haben.

Anstatt Kontrolleur könnte man die Funktion des dritten Bereichs auch als Warner, Signalgeber, Wächter oder Prüfer bezeichnen (vgl. S. 27/28 u. S. 30).

Kreis
In der psychographischen Symbolik das Zeichen für –> flava.
–> Dreieck –> Quadrat

Kurztherapie, integrierte
Buchtitel und Bezeichnung von D. FRIEDMANN (1997) für eine Psychotherapie, die auch den –> typgerechten Ansatz in die Interventionswahl einschließt. Für jeden der drei Persönlichkeitstypen soll ein individuelles Vorgehen zum Erfolg führen.

Lebensbereiche
Oberbegriff für unterschiedliche Bereiche oder Möglichkeiten des menschlichen Lebens. Bsp. 'Denken, Machen, 'Fühlen' (vgl. S. 22ff.). –> Grundbereiche

Leitdreieck
Auf einer Idee von D. FRIEDMANN aufbauende Methode eines prozessorientierten, typgerechten Ablaufs von Lösungs- oder Beratungsgesprächen (s. S. 62).

Leittypen
Neun einprägsame Typgruppen (mit jeweils neun Untertypen), analog zum –> Enneagramm. –> Typenkreis

lösungsorientiert, lösungsorientierte Psychologie
Auch unter der Bezeichnung 'Lösungsorientierte Kurztherapie' seit den 1970er-Jahren bekannt gewordener Ansatz der Psychotherapie. Auf die Arbeiten von MILTON ERICKSON (1901-1980), dem Wiederentdecker der Hypnose für die klinische Praxis, bauten unter anderem PAUL WATZLAWICK und STEVE DE SHAZER ihre therapeutischen Interventionen auf. Besonders de Shazer und seine Frau, INSOO KIM BERG, formulierten daraus mit ihren Mitarbeitern eine eigenständige Vorgehensweise[33]. Eines der Hauptkennzeichen im Unterschied zu anderen Therapieformen ist die sehr frühe Verwendung von so genannten

–> Universalschlüsseln (z.B. die Suche nach Ausnahmen oder die Zielformulierung), mit deren Hilfe der Klient zur eigenständigen Lösung seiner Schwierigkeiten angeregt werden soll. Auf (Problem-)Diagnosen wird verzichtet.

Die Effektivität dieses Ansatzes zeigt sich in einer ungewöhnlich kurzen Therapiedauer von 1-4 Sitzungen. Für die Psychographie ist er insofern wichtig, dass der Blickwinkel, aus dem die unterschiedlichen Persönlichkeitstypen gesehen werden, die lösungsorientierte Grundhaltung des Vertrauens (in die Kompetenzen des Einzelnen) mit einschließt. Auch ähnelt die prozessorientierte Sichtweise in der Psychographie stark der lösungsorientierten Methodik. Ein Grund dafür ist, dass sowohl FRIEDMANN (ab ca. 1993) als auch WINKLER sich auf diesen Ansatz beziehen.

Machen
In der psychographischen Unterscheidung Sammelbegriff für alle reizauslösenden Aktivitäten des Menschen. Dazu gehören in diesem Sinne nicht nur die handwerklichen oder praktischen Tätigkeiten, sondern auch das Reden, Schreiben oder Singen. Der Begriff 'Machen' lässt sich als –> Triade unterteilen in 'aktives', 'reaktives' und 'inaktives' Machen (vgl. S. 118).

Macher
In der Psychographie Bezeichnung für Menschen, die auf der Tätigkeitsebene den Unterbereich 'Machen' bevorzugen und dafür den Bereich –> Fühlen vernachlässigen. Macher gibt es nach WINKLER bei allen Grundtypen, nach FRIEDMANN nur bei den Handlungstypen.

Macher-Handlungstyp
–> Handlungstypen, die auf der Tätigkeitsebene den Unterbereich 'Machen' bevorzugen. –> Macher –> Ruga-Ruga –> handlungstypisch

Menschenkenntnis

Die psychographische Menschenkenntnis wird charakterisiert durch:

- das unbedingte Einbeziehen der Selbsterkenntnis als Voraussetzung für die Erkenntnis des anderen

- die nicht-hierarchische Verknüpfung der Unterschiede und die gleichzeitige Bezugnahme von eigenen Kennzeichen mit denen der anderen (Was mir fehlt, haben andere reichlich, was ich reichlich habe, fehlt wiederum anderen.)

- die uneingeschränkte Wertschätzung für jeden mit seinen individuellen Stärken und Schwächen

- die prozessorientierte Betrachtung (anstatt einer statischen), aus der sich für typische Schwachstellen auch typische Lösungs- und Entwicklungswege ableiten lassen

- das Gewinnen von Informationen aus der Beobachtung von gesunden Menschen in alltäglichen Situationen (im Gegensatz zu krankheitsorientierten Unterscheidungen und ihren typischen Beschwerdebildern)

- das Bewusstsein der Modellhaftigkeit ('Idee statt Dogma')

- einen in sich geschlossenen und logischen Aufbau der Typunterscheidung

- die Praxisorientierung und Verwendbarkeit für eine Vielzahl von Anwendungsfeldern

---

In DORSCH' PSYCHOLOGISCHEM WÖRTERBUCH werden folgende Definitionen für den Begriff 'Menschenkenntnis' angeboten, die treffend die Bandbreite seiner Verwendung zeigen:

- das Bemühen um Kenntnis und Erkenntnis des Menschen
- die unmittelbare, angeborene Fähigkeit zum Wissen um die charakterliche Wesensart des Menschen
- die durch Erfahrung und Einfühlung oder Intuition erweiterte Fähigkeit in dieser Richtung
- eine volkstümliche (...) Form von Psychodiagnose

Merkmale, typische

Aus der Beobachtung gewonnene Kennzeichen der einzelnen Typen (z.B. die Tendenz von Sachtypen, ein hohes Alter zu erreichen[37]), die sich nicht direkt aus der Modellgrundlage (hier: 'Bevorzugung des Bereiches Zeit') ableiten lassen, aber doch statistisch auffällig in einer beobachtbaren Verbindung dazu stehen. Auf den Seiten 34ff. sind solche typischen Merkmale aufgelistet (vgl. –> Typ).

Metapher

Gleichnis oder bildhafter Vergleich für ein theoretisches Modell oder einen inneren Vorgang, der mit abstrakten Begriffen nur undeutlich vermittelt werden kann. Metaphern sind auch dadurch gekennzeichnet, dass sie nur bis zu einem bestimmten Grad ausdrücken, was man damit sagen will (vgl. S. 31).

Mischtypen

Umgangssprachliche Bezeichnung von atypischen Vertretern eines (auch in reiner Form auftretenden) Typus. Im psychographischen Sprachgebrauch in der Regel nicht verwendet, könnte man doch 78 von 81 Untertypen als Mischtypen bezeichnen. Als 'reine Typen' würden dann nur diese drei extremen Ausprägungen gelten:

Flava-Flava FF 14
Du-Beziehungstyp
gegenwartsorientiert
Fühler

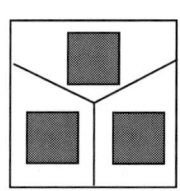

Blua-Blua BB 41
Vergangenheits-Sachtyp
Denker
Ich-bezogen

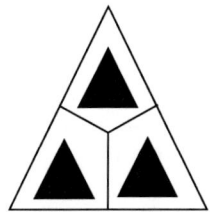

Ruga-Ruga RR 68
Macher-Handlungstyp
Wir-bezogen
zukunftsorientiert

Modell

In den Wissenschaften eine vereinfachte Darstellung unsichtbarer bzw. nicht direkt beobachtbarer Phänomene (z.B. der Weltentstehung oder der Atomstruktur, vgl. S.19). Im weiteren, – vor allem im konstruktivistischen Sinn – alle Meinungen und Vorstellungen des Menschen über die Welt, sich selbst oder andere. Die Vorstellung der eigenen Weltsicht als *Modell* steht im Gegensatz zum Glauben an eine (sprachlich vermittelbare) absolute Wahrheit ('Dogma').

Bei der Beurteilung von Modellen hinsichtlich ihrer Qualität oder ihrer historischen Durchsetzungspotenz haben sich folgende Kriterien als ausschlaggebend/kennzeichnend erwiesen: Ein Modell sollte

- nützlich für den vorgesehenen Zweck sein
- von den damit Befassten akzeptiert werden
- respektvollen Umgang mit anderen hervorrufen
- kommunizierbar sein, auch ohne Fachbegriffe
- in sich logisch und frei von sachlichen Widersprüchen sein
- schön sein, z.B. in Form, Darstellung und Sprache
- eigenständig im Sinne von unverwechselbar sein
- in einer einfachen Weise dargestellt werden können
- für den vorgesehenen Zweck vor Veröffentlichung erprobt worden sein, so dass die Ergebnisse begutachtet werden können.

Modellvielfalt

Die Fähigkeit oder Möglichkeit, mehrere –> Modelle nebeneinander (für die eigene Weltsicht) zu nutzen, auch wenn sich diese ganz oder in Teilbereichen widersprechen. Zum Gelingen einer solchen 'integrativen Vereinnahmung' möglichst vieler nützlicher Modelle (für die angestrebten Anwendungen) sind 'Meta-Modelle' wie der –> Konstruktivismus oder die Relativitätstheorie von A. EINSTEIN nötig. Diese bieten Raum für das Vorhandensein mehrerer Möglichkeiten der Weltsicht (und erlauben beispielsweise die Beschreibung des Lichts sowohl als 'Wellen' wie als 'Teilchen', wie dies der Physiker WERNER HEISENBERG tat, obwohl sich im streng naturwissenschaftlichen Sinne beide Vorstellungen widersprechen müssten). Auch die Psychographie ist ein solches 'Meta-Modell', weil sie ein übergeordnetes Persönlichkeitsmodell anbietet, welches unterschiedliche Weltsichten (z.B. als Ausdruck typspezifischen Erlebens) für den Normalfall hält.

Monismus

Im philosophischen Sinne gehören zum Monismus diejenigen Welterklärungen, die alles aus einem einzigen Prinzip (z.B. der Vernunft) heraus zu verstehen versuchen. Auch in der Psychologie oder Menschenbetrachtung gibt es schon sehr lange monistische Ansätze. Wozu diese in der Schlussfolgerung führen können, zeigt anschaulich ein Zitat des römischen Schriftstellers CICERO: "Niemand ist sich selbst so ähnlich, wie alle es untereinander sind. Daher hat das Wesen des einzelnen Menschen, wie immer es beschaffen sein mag, Gültigkeit für alle." Die praktische Anwendung dieses Gedankens zeigt dessen gefährliche Einseitigkeit - beispielsweise in der Pädagogik PESTALOZZIS (1746-1827). Obwohl dieser auf die Erziehung von –> "Herz, Geist, Hand" großen Wert legte, schloss er aus seiner eigenen Erfahrung auf die *aller* Heranwachsenden; nämlich dass Lernen vor allem aus der *praktischen* Arbeit erwachsen würde. Die *Kopf*arbeit und die *Herzens*bildung dagegen erhielt bei ihm nur einen untergeordneten Stellenwert (vgl. S. 145).

Nein

Teil der –> Triade 'Ja/Vielleicht/Nein'. Auch im Sinne von 'negativ', 'abwehrend' oder 'abweisende Haltung' eine –> handlungstypische Lebensäußerung. Manchmal auch in Form einer grundlegend negativen Weltsicht ("der Mensch ist böse von Geburt an") oder Weltuntergangsstimmung auftretend.

Den bei Handlungstypen besonders auffälligen negativen Zielen ("ich will nicht mehr, dass...") kann durch die Frage nach dem 'Stattdessen' ("Was hätten Sie denn stattdessen lieber?") in effektiver Weise begegnet werden. Für Sachtypen ist das 'Nein' in der Regel schwer auszusprechen oder durchzuhalten. Sie bleiben so lange es geht beim –> Vielleicht.

objektiv
Anhand messbarer Daten mögliche Einschätzung eines Sachverhalts. Für die psychographische Typunterscheidung gibt es nach bisheriger Beobachtung keine objektiven Merkmale (vgl. Fußnote S. 131). –> konsensuell

Pacing, typgerechtes
Der Fachbegriff Pacing entstammt dem anglo-amerikanischen Sprachschatz und meint in etwa 'Schritthalten'. Typgerechtes Pacing wird z.b. in der psychologischen Beratung oder in der Gesprächsführung allgemein verwendet. Dazu werden –> typspezifische Äußerungen des Gegenübers (z.b. Haltungen, Sprachmuster, Wortwahl) übernommen.

Ziel des Pacings ist, sich in das Erleben des Anderen einzufühlen und ihm zu zeigen, dass man sich um Verständnis bemüht. Auch wenn dies nur teilweise funktioniert, wird die Kommunikation doch besser gelingen, als wenn jeder der beiden Gesprächspartner nur seine spontanen Äußerungen zeigt. Ein Beispiel: Eine Klientin spricht von Gedanken, die sie in der Vergangenheit hatte. Die Therapeutin wird nun nicht über ihre Gefühle oder ihr Verhalten, auch nicht über die Zukunft oder die Gegenwart reden. Stattdessen begibt sie sich in den Kontext 'Denken' und 'Vergangenheit'. So kann sie die Klientin 'abholen' und evtl. –> typgerecht führen. Dies geschieht u. a., indem Äußerungen der Klientin, die auf eine Hinwendung zu den jeweiligen –> Ressourcen schließen lassen, bestätigt und verstärkt werden. (hier: Machen, Zukunft).

Durch anhaltendes und gelingendes Pacing kann u. U. eine Art hypnotische Trance entstehen, bei der sich beide Gesprächspartner in besonderer Weise aufeinander konzentrieren. Diese Technik wurde u. a. von M. H. ERICKSON in die psychologische Praxis eingeführt. D. FRIEDMANN optimierte das Pacing durch den typgerechten Ansatz; mit dem differenzierteren Modell von W. WINKLER gelingt eine noch genauere Anpassung an die jeweilige –> Psychognomie der Klienten.

Paarberatung, psychographische
s. auch unter –> Typberatung. Durch Bewusstmachung der jeweiligen Persönlichkeitsstrukturen werden Veränderungen in den Interaktionen des Paares eingeleitet bzw. unterstützt. Psychographische Paarberatung wird in erweiterter Form auch als Familienberatung eingesetzt.

Persönlichkeit
Die Begriffe 'Person' und 'Persönlichkeit' werden im deutschen Sprachraum nicht einheitlich verwendet. Die Psychographie spricht von –> Persönlichkeitstyp und –> Persönlichkeitsstruktur (Psychognomie). Also kann man unter 'Persönlichkeit' die Summe aus den Merkmalen des jeweiligen Persönlichkeitstyps und dem individuellen –> Charakter verstehen. Dabei darf jedoch die prozesshafte, veränderliche Eigenart der Persönlichkeit nicht gegenüber statischen Elementen vernachlässigt werden.

Persönlichkeitsbereich
Von D. FRIEDMANN (1990) eingeführter Begriff für den bevorzugten –> Lebensbereich. –> Primärbereich –> Bevorzugung

Persönlichkeitsstruktur
In der Psychographie das durch die individuellen –> Bevorzugungen und Vernachlässigungen entstehende Muster. –> Psychognomie

Persönlichkeitstypen
Aus identischen –> Persönlichkeitsstrukturen abgeleitete Gruppen von Individuen, besonders die drei Grundtypen –> Beziehungstyp, –> Handlungstyp und –> Sachtyp sowie die 81 Untertypen. –> Typ

Primärbereich
Fachsprachlich für den Bereich der –> Bevorzugung (s. S. 30) innerhalb jeder –> Triade. –> Sekundärbereich –> Tertiärbereich

prozessorientiert
Arbeits- oder Betrachtungsweise, die von einer ständigen Bewegung (z. B. einer Persönlichkeitsentwicklung) ausgeht; im Gegensatz zur Vorstellung von statischen, weitgehend dauerhaften Eigenschaften von Individuen. –> lösungsorientiert

Prozessrichtung
Im psychographischen Verständnis die als vorherrschend beobachtete Richtung zwischen –> Bevorzugungen und Vernachlässigungen bzw. –> Ressourcen (vgl. Abb. S. 29).

Psychognomie
Von WINKLER (1999) in Anlehnung an 'Physiognomie' (äußere Erscheinung) eingeführter Begriff für die –> Persönlichkeitsstruktur (innere Struktur); vergleichbar dem Skelett im Körper.

Psychogramme
In der Psychographie Symbole für die 81 –> Untertypen. Die Psychogramme dienen der vereinfachten Darstellung von Personen in der psychographischen Analyse (z.B. von Gruppen in der Supervision oder in der Familienberatung), vgl. S. 95ff. Durch die farbige Darstellung der Psychogramme werden die verschiedenen –> psychographischen Farben und deren Kombination in der –> Persönlichkeitsstruktur besonders deutlich.

Psychograph
hier: Bezeichnung für Anwender der Psychographie. *früher:* Gerät zur Aufzeichnung von Notizen bei Psycho-Tests.

Psychographie
Von G. W. ALLPORT in die Psychologie eingeführter und von D. FRIEDMANN* 1990 im Sinne von 'Landkarte der Persönlichkeit' verwendeter Begriff. Das Wort 'Psychographie' wird außerhalb der Psychologie für ein spezielles fotografisches Verfahren und in der Literatur als Synonym für 'psychische Struktur' verwendet (so von SIMONE DE BEAUVOIR in "Psychographie[34] einer Intellektuellen"). Auch das 'automatische Schreiben', also schriftstellerische Tätigkeit in einem teilbewussten Zustand wird manchmal als 'Psychographie' bezeichnet.

Psychographie-Abend
Informelles Treffen zum Austausch von Erfahrungen aus der Anwendung der Psychographie (vgl. S. 77).

Psychographie-Initiative
1999 in Stuttgart gegründete Vereinigung zur Pflege der Psychographie und ihrer praktischen Anwendung (vgl. S. 78).

Psychographie-Tag
Jährliche Fachtagung der –> Psychographie-Initiative (vgl. S. 79).

---

* Vita: Friedmann, Dietmar, Dr. phil.; geb. 1937 in Pforzheim. Mittlere Reife in Heilbronn; Ausbildung als Technischer Zeichner für Stahlhoch- und Brückenbau. Abitur an der Technischen Oberschule Stuttgart 1959. Studium der Philosophie, Psychologie und Literatur an der Technischen Hochschule Stuttgart. Zeitweise buddhistischer Mönchsschüler. 1969 zweite Dienstprüfung. Studium der Diplompädagogik 1972-73 und Erziehungswissenschaft 1973-76 an der Universität Heidelberg. Philosophischer Doktorgrad 1976. Ausbildung in klientenzentrierter Gesprächsführung und Transaktionsanalyse. Langjähriger Dozent an den 'Deutschen Paracelsus Schulen' u. a. in Freiburg, Heilbronn, Karlsruhe, Mannheim, Stuttgart, Zürich und seit 1999 Jahresausbildungen in 'Integrierter Lösungsorientierter Psychologie (ILP)'. Zwei Kinder. Ehrenmitglied der –> Psychographie-Initiative e. V. Lebt in Obersulm b. Heilbronn.

Quadrat

In der psychographischen Symbolik das Zeichen für
-> blua. -> Dreieck -> Kreis

Logo der Psychographie-Initiative e. V.

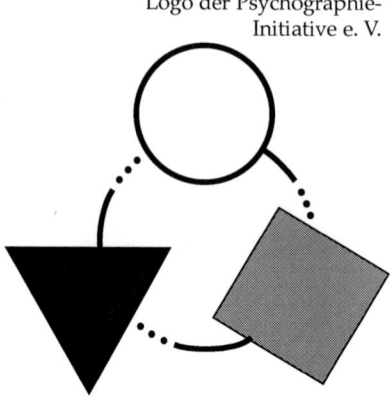

Ressourcen

Hilfsquellen oder 'Lösungen auf Vorrat'; im psychographischen Verständnis diejenigen Bereiche, die in den -> Triaden auf die individuellen -> Bevorzugungen folgen. Im -> lösungsorientierten Sprachgebrauch alle jene Fähigkeiten, die das Individuum bewusst oder unbewusst zur Lösung von Schwierigkeiten einsetzt. -> Sekundärbereich

Ruga, ruga

(*esp. ruga* rot) Von W. WINKLER (1999) eingeführte fachsprachliche Benennung des -> Handlungstyps sowie der dazugehörigen -> psychographischen Farbe. Symbol für Ruga ist das Dreieck. Die 'Farbe' oder der Charakter ruga ist kennzeichnend für die Begriffe 'Tätigkeit', 'Zukunft', 'machen', 'Wir-Beziehung' und weitere -> Triaden. Man findet diese Wesenszüge u. a. auch in folgenden Naturbildern: Biene, Ameise, Bärin, Getreidefeld, Kartoffel, Ackerboden, Hirtenhund, Löwin, Sturm, Wasserfall, Stier. -> handlungstypisch

Ruga-Blua

Fachsprachlich für -> Denker-Handlungstypen.

Ruga-Flava

Fachsprachlich für -> Fühler-Handlungstypen.

Ruga-Ruga
Fachsprachlich für –> Macher-Handlungstypen.

Sachtyp
Bezeichnung für denjenigen psychographischen –> Typ, der den Lebensbereich –> Zeit (nach WINKLER) bzw. 'Erkennen' (nach FRIEDMANN) bevorzugt wahrnimmt.

Sachtyp 1, Sachtyp 2
Bezeichnungen von D. FRIEDMANN (von 1996-1997) zur Unterscheidung zwischen 'ichvergessender' und 'ichbezogener' Ausprägung dieses Typs. Später teilweise ersetzt durch die Typenunterscheidungen der 'Kopftypen' im –> Enneagramm ('Fünfer', 'Sechser', 'Siebener').

sachtypisch
Eigenschaften aus den –> Triaden, die bevorzugt dem –> Sachtyp zugeordnet werden. Im engsten Sinne sachtypisch ist jedoch nur die Bevorzugung des Lebensbereichs 'Zeit' und die Vernachlässigung des Lebensbereichs 'Tätigkeit'. Je mehr sachtypische Bevorzugungen der Einzelne aufweist, desto ähnlicher wird er dem 'reinen' Sachtyp, also dem –> Vergangenheits-Sachtyp, der auch –> Denker und –> ich-bezogen ist.

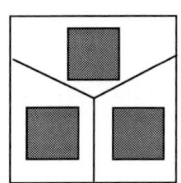

Blua-Blua BB 41
Vergangenheits-Sachtyp
Denker
Ich-bezogen

Sekundärbereich
Fachsprachlich für den Bereich der –> Vernachlässigungen.

Schlüsselenergien, - fähigkeiten
Von D. FRIEDMANN (1990) eingeführte Begriffe für die –> Ressourcen, also die dem –> Persönlichkeitsbereich oder den –> Bevorzugungen folgenden Bereiche. –> Vernachlässigungen –> Sekundärbereich –> Universalschlüssel

Sprache

Für den Philosophen L. WITTGENSTEIN zeigen sich Möglichkeiten und Grenzen der Philosophie in den Grenzen der Sprache und der ihr zu Grunde liegenden Grammatik. Beispielsweise ändert die Verwendung eines Verbs oder Adjektivs statt eines Substantivs den Sinn einer Aussage manchmal drastisch: "Ich habe eine Depression (Niedergeschlagenheit)." wird zu "Ich schlage mich nieder." oder "Ich fühle mich niedergeschlagen." Auch der Austausch der Begriffe "haben", "sein" und "zeigen/können" untereinander führt zu einer anderen Sicht der Dinge: "Ich bin ein Sachtyp." könnte dann heißen "Ich habe Eigenschaften des (im Modell beschriebenen) Sachtyps." oder "Ich zeige sachtypische Merkmale." Ein Klient in der Beratung sagte, nachdem er das psychographische Modell kennen gelernt hatte: "Ich glaube, mein einziges 'Problem' besteht darin, dass ich ein Sachtyp bin." Diese Einschätzung eröffnete ihm mehr Handlungsspielraum als die Meinung eines Psychiaters, der 'ein schweres Trauma in der Kindheit' ursächlich für aktuelle Probleme mit verantwortlich machte*.

Stärken (Schwerpunkte, Spezialisierungen, Übertreibungen)

Psychographisch-umgangssprachlich für die –> Bevorzugungen. Eine Kernaussage der Psychographie könnte so formuliert werden: "Menschen leiden manchmal an ihren Stärken - wenn sie sich ausschließlich oder übertrieben auf sie stützen".

---

* Die Relevanz solcher 'Sprachspiele' im therpeutischen Bereich zeigt sich in der Veränderung der Aussage: "Ich bin Alkoholiker." Durch das "Ich bin..." wird das Alkoholproblem zu einem Teil der Identität, weil dieselbe Sprache benutzt wird wie bei "Ich bin ein Mensch" oder "Ich bin 40 Jahre alt". Ganz anders klingt der Satz: "Ich habe ein Alkoholproblem, weil ich zu viel trinke." oder "Ich kann so viel trinken, dass ich davon ohnmächtig und leberkrank werde." In der psychotherapeutischen Theorie sind diesem Phänomen DE SHAZER in "Worte waren ursprünglich Zauber" und BERG/MILLER in "Kurzzeittherapie bei Alkoholproblemen" nachgegangen. Solche und andere Praktiker (z.B. Dr. Luc Isebaert aus Brügge, Belgien) widerlegten mit ihren Erfolgen auch das jahrelange Dogma: "einmal Alkoholiker, immer Alkoholiker" – diese Selbstbeschreibungen lassen sich offensichtlich mit nützlichen Folgen ändern (z. B. in den Titel "kontrollierter Trinker"). Ähnliches dürfte auch für andere pathologisch festschreibenden Diagnosen gelten.

subjektiv
Nur in der eigenen Wahrnehmung vorhanden; im Gegensatz zu –> objektiv und –> konsensuell.

Supervision, typgerechte
Differenzierte Vorgehensweise der –> lösungsorientierten Supervision, bei der auch –> typspezifische Lösungsmöglichkeiten (z.b. aus den –> Triaden oder dem –> Leitdreieck) und typische Interaktionsmuster berücksichtigt werden.

Tätigkeit
Der Begriff 'Tätigkeit' wurde von W. WINKLER 1999 für den Bereich des Handlungstyps eingeführt, um damit den Grundbereich 'Tätigkeit' vom Unterbereich 'Machen' sprachlich besser abzugrenzen. Zu 'Tätigkeiten' zählen neben dem –> Machen (Reize aussenden/auslösen) auch –> Denken (Reize verarbeiten) und –> Fühlen (Reize aufnehmen).

Tertiärbereich
Fachsprachlich für den Bereich des –> Kontrolleurs (vgl. S. 30). –> Primärbereich –> Sekundärbereich

Training
Im psychologischen Bereich (im Gegensatz zu 'Therapie' und 'Beratung' stehende,) aktive Aneignung von Fertigkeiten und Kenntnissen, beispielsweise zur Problemlösung. In der Psychographie das gezielte Gespräch über Erfahrungen im Umgang mit den verschiedenen Typen, z.b. im Beruf oder in der Familie. Statt 'Therapeut', 'Berater' oder 'Dozent' wird für die Leitung solcher Angebote der Begriff 'Trainer/in' verwendet (vgl. S. 75 u. S. 76). Diese Wortwahl erzeugt eine andere, möglicherweise nützlichere Haltung aller Beteiligten als die Rollenerwartungen die durch die Begriffspaare 'Lehrer – Schüler', 'Therapeut – Patient', 'Lieferant – Kunde', 'Helfer – Hilfesuchender' usw. hervorgerufen werden.

Triaden

(*griech.-lat.* Dreizahl, Dreiheit) Im psychographischen Modell die Verbindung von drei Begriffen, die

1. in einer logischen Weise zueinander gehören
2. jeweils die drei extremsten Ausprägungen eines gemeinsamen Überbegriffs beschreiben
3. sich in einer kreisförmig geschlossenen Reihenfolge so ordnen lassen, dass von einem zum anderen ein Fortschritt oder ein Zugewinn an Möglichkeiten im Sinne einer 'dritten Alternative' entsteht.

Bsp.
Die drei Unterbereiche der
Zeit in Form einer Triade:

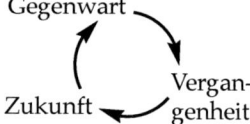

Gegenwart

Zukunft

Vergangenheit

Trialismus

philosophische Lehre, nach der in der Welt das Dreiteilungsprinzip vorherrscht (z.b. die Leib-Seele-Geist-Unterscheidung oder das Prinzip These-Antithese-Synthese bei HEGEL). Der Trialismus steht im Gegensatz zum –> Dualismus und zum –> Monismus.

Die Psychographie könnte auf Grund ihrer Beachtung der Zahl 'drei' zum Trialismus gerechnet werden. Andererseits steht sie auch in der Tradition der –> Modellvielfalt, da sie sich als ein Modell unter vielen versteht.

Typ

Nach dem DUDEN-Fremdwörterbuch: "bestimmte psychische Ausprägung einer Person, die mit einer Gruppe anderer Personen eine Reihe von Merkmalen gemeinsam hat". Nicht zu verwechseln mit den Begriffen 'Art' oder 'Gattung', bei denen –> objektive Erkennungsmerkmale ausschlaggebend sind (vgl. S. 33).

Typanalyse/Typberatung
Von –> Psychographen angebotene individuelle Einführung in die Psychographie. Ziel der Typberatung ist z.b., die –> Bevorzugungen und –> Ressourcen einer Person auf den vier relevanten Ebenen gemeinsam ausfindig zu machen und so an weitere Möglichkeiten für die Lebensgestaltung oder den Umgang mit Konflikten zu erinnern. Sie kann auch für Gruppen (Paare, Familien oder Teams) stattfinden (vgl. S. 67).

Typfamilien
Umgangssprachliche Bezeichnung für die verschiedenen Gruppen von Typen in der Psychographie. Durch die Unterscheidung auf vier Ebenen mit insgesamt 12 Möglichkeiten kann man von 12 Typfamilien sprechen (Beziehungstypen, Sachtypen, Handlungstypen; Du-bezogene, Ich-bezogene, Wir-bezogene, Vergangenheitsorientierte, Zukunftsorientierte, Gegenwartsorientierte, Macher, Fühler, Denker). Jedes Individuum gehört somit gleichzeitig zu vier Typfamilien.

typgerecht
Als Wortzusatz im Sinne von "entsprechend des psychographischen Typs ...", z.b. 'typgerechte Förderung von Kindern' oder 'typgerechte psychologische Beratung' etc. Beim typgerechten Verhalten gegenüber anderen oder sich selbst ist es entscheidend, die jeweiligen –> Ressourcen gleichberechtigt neben den –> Bevorzugungen oder –> Stärken zu aktivieren.

Typenkreis
Grafische Darstellung der psychographischen Typen in ihrer logischen Reihenfolge. Nach der Einteilung von WINKLER beginnend mit dem zukunftsorientierten Wir-Beziehungstyp/Macher (vgl. S. 97) bis zum gegenwartsorientierten und Du-bezogenen Fühler-Handlungstyp. Darin tragen die Untertypen Ordnungszahlen von 1 bis 81 (der Startpunkt für diese Nummerierung wurde willkürlich gewählt).

Als Neuner-Typenkreis (in Anlehnung an das Enneagramm) werden nur die drei Grundtypen und ihre drei unterschiedlichsten Ausprägungen dargestellt, die –> Leittypen:

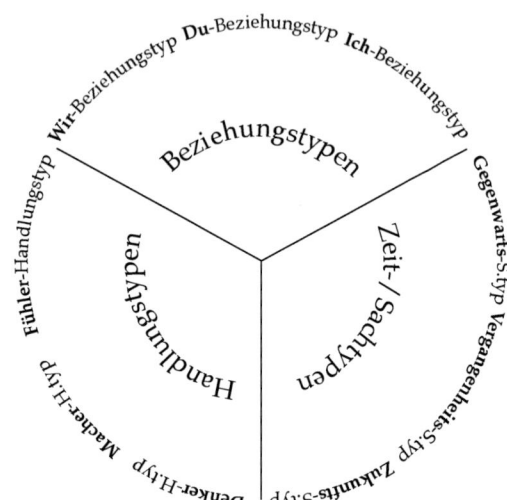

Abb.
Der Typenkreis nach
W. Winkler mit den
drei Grundtypen und
den neun so genannten Leittypen
(vgl. S. 15 unten und
die Beilage im hinteren
Umschlag)

Typologie

Oberbegriff für alle Ansätze zur Einteilung von Individuen in Gruppen nach definierten Merkmalen. Historische Beispiele sind HIPPOKRATES' (460-375 v.Chr.) Temperamentenlehre, die Konstitutionstypen von E. KRETSCHMER (1888-1964) oder die 'Angsttypen' von F. RIEMANN. Eine Typologie versucht in der Regel eine Unterteilung hinsichtlich einer praktischen Anwendung, z.B. von Patienten für die passende Behandlung.

Die Psychographie ist eine Typologie, die – obwohl aus der psychologischen Praxis stammend – trotzdem keinen vorgegebenen Zweck beinhaltet. Daher kommt sie auch erst durch die Verknüpfung mit spezifischen Anwendungsfeldern zur Geltung, etwa in der –> typgerechten Förderung von Kindern, der Psychotherapie oder der Personalpolitik (vgl. S. 72).

typspezifisch

Beobachtbare Merkmale, die als typisch für eine –> Typfamilie erachtet werden. Sie dürfen nicht mit den theoretischen Unterscheidungsebenen (vgl. S.22 ff.) verwechselt werden. Beispiele für typspezifische Merkmale der 12 Typfamilien:

Sachtypen:
- legen Stapel auf ihren Schreibtisch
- können schwer 'Nein' sagen, zögern lange
- leiden unter Kritik und Missachtung
- nehmen sich Zeit, um sich ein Thema genau anzueignen; kennen danach aber alle wichtigen Details
- erleben/zeigen sich besonders vorsichtig oder zart; wirken (psychisch) zerbrechlich oder verletzlich
- können nur mit Mühe ihre Ziele formulieren

Handlungstypen:
- vermeiden Gang zum Arzt, ärgern sich über Krankheiten
- sagen deutlich, was sie nicht wollen; sind zielstrebig
- brauchen ihren Schlaf; werden ungenießbar bei Entzug
- bevorzugen nach Möglichkeit hochwertige Kleidung, Schuhe oder Einrichtungsgegenstände; pflegen diese
- mögen es ordentlich bzw. geordnet und perfekt gemacht
- werden sich spät/selten ihrer Kompetenz bewusst

Beziehungstypen:
- nehmen leicht privaten Kontakt auf, pflegen ihn aber nicht unbedingt weiter; wärmen ihn rasch wieder auf
- genießen es, ausnahmsweise genug freie Zeit zu haben
- bleiben in Gesprächen nicht beim Thema, stellen immer wieder neue Bezüge her
- haben in der Regel keine Probleme, die sie klar benennen können; leiden dafür an der Gesamtsituation
- interessieren sich schnell für etwas Neues, opfern aber selten viel Zeit oder Konzentration dafür

Vergangenheitsorientierte:
- können sich detailiert an frühere Ereignisse erinnern
- haben manchmal 'Heimweh' nach früher oder Angst, dass sich alles noch einmal wiederholt (auch 'nachtragend')
- können sich nur schwer der Zukunft zuwenden
- es geht ihnen gut, wenn sie vorausplanen können

Zukunftsorientierte:
- richten sich ständig auf das aus, was als nächstes kommt
- erleben die vermutete Zukunft so real, dass sie sich im Voraus darauf freuen oder davor Angst haben
- verpassen den Moment
- wenn sie vom Augenblick festgehalten werden (z.B. durch starke Faszination), hebt das ihre Lebensqualität

Gegenwartsorientierte:
- leben ganz im Augenblick, können ganz 'da sein', als ob die Zeit stillstehen würde
- Vergangenes belastet oder beschäftigt sie wenig
- haben schon nach kurzer Zeit vergessen, was war oder was man ihnen gesagt hat; sind nicht nachtragend
- Auseinandersetzungen mit der Vergangenheit sind für sie meist nützlich und hilfreich

Macher:
- reden sehr viel, auch ohne sich dabei selbst zuzuhören
- schätzen die körperliche Aktivität
- können ihrem Gefühl trauen, wenn sie darauf achten
- spüren Hunger, Durst, Schmerzen oder Kälte nur schwach

Fühler:
- können sehr genau zuhören oder wahrnehmen, was geschieht
- lesen gerne, hören viel Musik oder sehen lange fern
- leiden häufig unter ihrem Gefühlsleben, z.B. durch raschen

Wechsel von Gefühlen oder durch heftiges Mitleiden mit anderen
- Nachdenken (das Verarbeiten von Reizen) fällt ihnen schwer, hilft in der Regel aber weiter

Denker:
- verarbeiten Reize eindringlich
- können schwer in Worte fassen, was sie denken
- geraten leicht in Gedankenkreise, die sie kaum stoppen können; darüber reden oder aufschreiben hilft ihnen
- sind im Machen anfangs etwas unbeholfen, werden bei häufigem Wiederholen aber zunehmend perfekter

Du-bezogene:
- reden vom 'du', obwohl sie von sich selbst erzählen
- denken, machen oder fühlen mit dem Gegenüber fast automatisch mit; können sich gut auf andere einlassen
- vernachlässigen das eigene Ich; haben den Eindruck, sich im anderen zu verlieren
- erleben sich als zu egoistisch, wenn sie etwas nur für sich selbst machen oder an sich denken

Ich-bezogene:
- reden bevorzugt in der 'Ich-Form', auch wenn sie dabei über eine Gruppe berichten
- zeigen Ich-Stärke oder Selbstbewusstsein, lassen sich in Gruppen leicht verunsichern
- können sich nur schwer in eine Gruppe einfügen; ignorieren die Wir-Bezüge anderer
- halten besonders stark an einmal gefundenen Wir-Bezügen fest und fühlen sich darin wohl

Wir-bezogene:
- sagen häufig 'wir' oder 'man', auch wenn sie von einem Gegenüber reden

- können leicht Gruppen um sich sammeln oder sich in bestehende einfügen
- erleben sich mit vielen Menschen verbunden, leiden oder freuen sich mit ihnen
- haben Schwierigkeiten, sich auf ein Gegenüber einzulassen, übersehen leicht den Einzelnen in einer Gruppe

Universalschlüssel
Im –> lösungsorientierten Sinne nach STEVE DE SHAZER ("Dietriche") eine Vorgehensweise oder eine therapeutische Intervention, die ohne vorangegangene detaillierte Besprechung und Diagnose eingesetzt werden kann. Aus den –> Triaden abgeleitete –> typgerechte Vorgehensweisen sind ebenfalls solche Universalschlüssel. Andere Universalschlüssel sind zum Beispiel die Suche nach Ausnahmezeiten, in denen die Beschwerden nicht auftraten oder die Formulierung von Zielen, die der Klient erreichen will. Universalschlüssel werden auch (meist ohne sie als solche zu benennen) in der Medizin eingesetzt: die Verordnung von Ruhe oder einer Kur, das Verschreiben von Mineralstoffen und Vitaminen, die Ermunterung, mehr zu Trinken und zu verstärkter körperlicher Aktivität bzw. Sport usw. Vermutlich können auch solche (körperbezogenen) Universalschlüssel in typgerechter Weise eingesetzt werden.

Unterebene –> Grundbereich

Vergangenheit
Auch als 'Geschichte', 'früher', 'das Zurückliegende' etc. bezeichnet. Teil der Zeit-Triade 'Gegenwart/Vergangenheit/Zukunft'.

Vergangenheitsorientierung, vergangenheitsorientiert
Die Bevorzugung des Zeit-Unterbereichs –> Vergangenheit. Sie kann bei allen drei Grundtypen beobachtet werden, tritt aber beim –> Vergangenheits-Sachtyp besonders deutlich zutage.

Vergangenheitsorientierte Menschen haben die Fähigkeit, Vergangenes detailliert zu speichern und abzurufen. Diese Stärke kann (wie alle –> Bevorzugungen) durch Übertreibung aber auch zur Schwäche werden ('nachtragend'). Aus psychographischer Sicht hilft dann die Orientierung auf die Zukunft. "Nichts nimmt die Vergangenheit so leicht hinweg wie die Zukunft" heißt es in einem Schlager: *"Nothing takes the past away like the future."* (MADONNA, ray of light)

Vergangenheits-Sachtyp
–> Sachtypen, die auf der Zeitebene den Unterbereich 'Vergangenheit' bevorzugen. –> vergangenheitsorientiert –> Blua-Blua

Vernachlässigung
Aus psychographischer Sicht die Reaktion auf die –> Bevorzugung eines Aspektes innerhalb einer –> Triade. Vernachlässigte Bereiche und Möglichkeiten werden häufig durch Kompensation umgangen. In Schwierigkeiten, bei denen diese Fähigkeiten einen Lösungsansatz bieten würden, werden sie dadurch zu spät oder gar nicht berücksichtigt. Deshalb bilden sie auch die –> Ressourcen, an die man sich regelmäßig erinnern und deren Wahrnehmung man präventiv trainieren sollte.

Vielleicht
Teil der –> Triade 'Ja/Vielleicht/Nein'. Auch im Sinne von 'Zweifel', 'Vorsicht', 'Zögern' oder 'Alternativen' zu interpretieren. Die Fähigkeit des 'Vielleicht' gehört zu den –> sachtypischen Eigenschaften. Sie wird von den Beziehungstypen zu selten genutzt und ist in der europäischen Alltagskultur (die häufig zu raschen Entscheidungen auffordert) eher vernachlässigt. In der Philosophie oder den Geisteswissenschaften allgemein jedoch als besonders wertvoll eingestuft. (Beispiele sind LUCIANO DE CRESCENZO's: "Lob des Zweifels" oder in humorvoller Form bei WILHELM BUSCH: "Öffne dir ein Hinter-

pförtchen durch 'Vielleicht', das nette Wörtchen.") Gelegentlich wird der Zweifel auch als Voraussetzung der Wissenschaft aufgefasst: "Der Zweifel ist der Anfang der Weisheit." (RENÉ DESCARTES); vgl. auch die Anmerkungen unter –> Nein.

Vorurteile

Ein Vorurteil, das Typologien insgesamt häufig anhängt ist, dass sie die Entstehung und Verstärkung von Vorurteilen fördern würden. Zutreffend ist, dass durch die Kenntnis der Persönlichkeitstypen Vorurteile typgerecht sortiert und dadurch gebündelt werden können. In den meisten Fällen mindert psychographisches Wissen jedoch bestehende Vorurteile.

Wir

In der Psychographie Kurzform für 'Wir-Beziehung'. Als 'Wir-Beziehung' werden, im Gegensatz zur 'Du-Beziehung' oder 'Ich-Beziehung', diejenigen Beziehungsaspekte bezeichnet, die Gruppen oder ein Duo betreffen; dabei treten das –> Ich und das –> Du in den Hintergrund und eine neue Qualität entsteht im Sinne von "Das Ganze ist mehr als die Summe seiner Teile" (CHRISTIAN VON EHRENFELS) vgl. –> Wir-Beziehungstypen.

Wir-Beziehungstypen

Beziehungstypen, die als bevorzugte Beziehungsart die 'Wir-Beziehung' erleben. Dagegen treten die 'Du-Beziehungen' in den Hintergrund. Unter 'Du-Beziehung' ist das Sich-Beziehen auf ein Gegenüber, auch auf ein Thema oder einen Gegenstand zu verstehen. Da diese Fähigkeiten bei ihnen vernachlässigt sind, üben sie eine große Anziehungskraft aus. Die –> Wir-Bezogenheit als Bevorzugung lässt sich bei allen drei Grundtypen beobachten, sie tritt jedoch beim Wir-Beziehungstyp besonders stark in Erscheinung. Für das Erkennen dieser wie anderer Bevorzugungen dient die Analyse der Sprachverwendung als eine Beobachtungsebene (häufige Verwendung von 'wir' und 'man').

Wir-Bezogenheit

Fähigkeit jedes Menschen, sich auf eine größere Gruppe (z.B. Familie, Firma, Verein, Partei, Fußballclub) zu beziehen, als deren Teil man sich erlebt. Dabei können auch nicht-menschliche Gruppenmitglieder mit einbezogen werden, z.b. die Tiere, die gesamte Schöpfung etc.. Je nach Ausprägung bilden diese Gruppen, auf die man sich als 'Wir' bezieht, einen Teil der persönlichen Identität (neben den Du- und Ich-Bezügen). Gegenstück einer Bevorzugung der Wir-Bezogenheit ist die Vernachlässigung der Du-Bezüge*. Manchmal erscheint eine Wir-Bezogenheit auch in der Ablehnung einer solchen - etwa beim Phänomen der 'Partei der Nicht-Wähler' oder humorvoll von ROBERT LEBEL ausgedrückt im "Clan derer, die zu keinem Clan gehören." –> typspezifisch/wir-bezogene

Wirklichkeit

Eine Weltsicht, die dem Individuum als Selbstverständlichkeit erscheint. Für jeden der 81 Persönlichkeitstypen –> typspezifisch verschieden, nach D. FRIEDMANN sogar im Sinne von "verschiedenen Sprachen" zu deuten. Vermutlich ist die Wirklichkeit selbst, wie sie für sich ist weder durch Sprache noch durch andere Zeichen allgemein gültig zu beschreiben ('abzubilden'). Nur durch –> Modelle ist eine Annäherung möglich. ALBRECHT VON HALLER, der schweizer Naturforscher, schrieb: "Wir irren allesamt, nur jeder irret anders.".

Auch das alttestamentarische Gebot "Du sollst dir kein Bildnis machen..." könnte dieser Grenze menschlicher Fähigkeiten entgegenkommen. Wenn die objektive Wirklichkeit nicht treffend erfasst, geschweige denn wiedergegeben werden kann, bedeutet dies letztlich Freiheit. Diese Freiheit wird vom Ge-

---

* In der Dichtung findet sich bei ERICH FRIED (1921-1988) dafür ein sehr passender Vers: "Ich will an nichts mehr denken/nur an dich und an dich/und an dich/aber ich kann nicht: Die ganze Welt fällt mir ein" ('Mutter in Vietnam', Vers 14 aus 'Befreiung von der Flucht', Fischer Frankfurt, 1984).

danken der –> Modellvielfalt aufgenommen. Sie bedeutet (in Bezug auf die Wirklichkeitssicht) dass durch die Verwendung von *verschiedenen* Modellen die Wirklichkeit zutreffender erfasst werden kann als durch die eines *einzigen*. Aus psychographischer Sicht könnte durch die Zusammenschau der Wirklichkeit aller 81 Untertypen eine relativ umfassende Sicht auf die menschliche Erlebenswelt möglich werden. Folglich fördert und fordert die Psychographie die Neugier und den Respekt für die Wirklichkeitswahrnehmung des anderen (vgl. S. 121ff.).

Zeit
Der Begriff 'Zeit' wurde von WINKLER 1999 als der bevorzugte Bereich des –> Sachtyps beschrieben. Nachdem FRIEDMANN bereits die Unterbereiche 'Gegenwart, Vergangenheit und Zukunft' den Typen zugeordnet hatte, lag es nahe, dafür den Oberbegriff 'Zeit' als dritten –> Grundbereich (neben 'Beziehung' und 'Tätigkeit') zu verwenden. Die Zeit wird als typische Bevorzugung der –> Sachtypen betrachtet und kann auch mit den Begriffen 'Dasein' oder 'Existenz' benannt werden*.

---

* In der Literatur und Geistesgeschichte hatte die Zeit seit jeher einen hohen Stellenwert. Teilweise wurde sie sogar als persönlicher Besitz des Menschen betrachtet und mit dem Leben an sich gleichgesetzt. "Die Zeit ist ein kostbares Geschenk." (THOMAS MANN). Sogar als handelnde Person oder Funktion tritt die Zeit in Erscheinung: "Die Dinge reifen mit der Zeit. Letzten Endes ist es sinnlos, ja ermüdend und geradezu hinderlich, Taten zu überstürzen und Prozesse zu forcieren, die eben erst begonnen haben und in ihrer Entwicklung zwar nicht beschleunigt, aber durchaus gestört werden können." (ROSARIO CASTELLANOS)

Die meisten Weltanschauungen sehen die Zeit als linear in Richtung Zukunft gerichtet an, jedoch könnte sie (spätestens seit EINSTEIN) auch als 'Zeitraum' ohne festgelegte Richtung oder als 'Zeitrad' (wie im Buddhismus oder bei den Mayas) verstanden werden. Dann ergäbe sich z.B. auf die berühmte Frage nach 'Huhn oder Ei' eine verblüffend einfache Antwort: *"Das letzte Huhn legt das erste Ei."*

In den Industriegesellschaften wurde die Zeit oder das 'Zeithaben' sogar zum Luxusartikel erklärt: "Den größten Luxus, den ich mir leiste, ist es, keinen Luxus zu haben, sondern Zeit." (ALAIN PERRIN, Chef des Uhrenherstellers (!) Cartier) Auch in der Umgangssprache kommt der Begriff 'Zeit' als Synonym für das Leben vor ("Er hat das Zeitliche gesegnet.") und Mitmenschen werden als 'Zeitgenossen' bezeichnet.

Zeittyp

Alternative Benennung für den –> Sachtyp durch W. WINKLER, entsprechend dessen –> Bevorzugung des Bereiches 'Zeit'.

Zielbereich

Von D. FRIEDMANN eingeführte Bezeichnung für den –> Tertiärbereich.

Zukunft

Auch als 'Morgen', 'später', 'das Bevorstehende' etc. bezeichnet. Teil der Zeit-Triade 'Gegenwart/Vergangenheit/Zukunft'.

Zukunftsorientierung, zukunftsorientiert

Die Bevorzugung des Zeitbereichs –> Zukunft. Sie kann bei allen drei Grundtypen beobachtet werden, tritt aber beim –> Zukunfts-Sachtyp besonders deutlich zutage. Zukunftsorientierten Menschen haben die Fähigkeit, Künftiges wie selbstverständlich in ihre Betrachtung mit einzubeziehen. Diese Stärke kann, wie alle –> Bevorzugungen, durch Übertreibung und Einseitigkeit auch zur Schwäche werden. Aus psychographischer Sicht hilft dann die Orientierung auf die Gegenwart. Sprichwörtlich ausgedrückt: "Was du heute kannst besorgen, das verschiebe nicht auf morgen."

Zukunfts-Sachtypen

–> Sachtypen, die auf der Zeitebene den Unterbereich 'Zukunft' bevorzugen. –> zukunftsorientiert –> Blua-Ruga

Zuschreibung (Attribution)

Im psychologischen Sinne die Zuordnung oder das In-Beziehung-Setzen von beobachteten Phänomenen zu einer vermuteten Ursache. In der Psychographie insofern von Bedeutung, dass eine häufige Fehlzuschreibung (durch Unkenntnis der unterschiedlichen Persönlichkeitstypen) angenommen wird. Auffällig ist dies etwa bei der Zuschreibung von Eigenschaften als 'typisch männlich' bzw. 'typisch weiblich', wo dies aus psychographischer Sicht z.B. als 'handlungstypisch' oder 'beziehungstypisch' zugeordnet/erklärt wird (vgl. S. 122).

zweidimensional

Von D. FRIEDMANN im Sinne von 'Vernachlässigen eines Lebensbereiches' gebraucht. Damit meint er das gewohnheitsmäßige Umgehen des –> Entwicklungsbereiches bzw. der –> Ressourcen. Dieses 'Umgehen' oder 'Aussparen' einer Lebensmöglichkeit kann sich unter (ungünstigen) Umständen bis hin zur Tabuisierung entwickeln. –> Triaden –> Gewichtung

Zweifel

s. unter –> vielleicht

Zahlen mit psychographischer Bedeutung:

3
–> Grundbereiche

9
–> Leittypen

12
–> Idealpartner –> Lebensbereiche –> Typfamilien

27
Unter-Unterbereiche zur detaillierten Typanalyse auf der dritten Stufe (s. S. 112ff.).

81
Untertypen –> Typenkreis

Fragen zur Lernkontrolle

Die Fragen zur Lernkontrolle sind im 'Multiple-Choice-Verfahren' angelegt. Die Lösungen findet sich am Ende, zusätzlich sind Seiten angegeben, unter denen mögliche Antworten nachgelesen werden können.

1. Welche Autoren werden zu den Vorläufern der modernen Psychographie gezählt? (S. 9)

a) Samuel Hahnemann   b) Sigmund Freud
c) Carl Gustav Jung   d) Alfred Adler
e) Eric Berne   f) Carl Rogers
g) Gordon Willard Allport   h) Thomas Gordon

2. Wie nannte ERIC BERNE die drei verschiedenen Ich-Anteile der menschlichen Persönlichkeit? (S. 9)

a) Kind-Ich   b) Über-Ich
c) Geschwister-Ich   d) Eltern-Ich
e) Erwachsenen-Ich   f) Vater-Ich
g) Mutter-Ich   h) Aktives Ich

3. Wer hat den Begriff 'Psychographie' in die Psychologie eingeführt? (S. 9)

a) Sigmund Freud   b) Dietmar Friedmann
c) Gordon Willard Allport   d) Kurt Lewin

4. Wie interpretierte DIETMAR FRIEDMANN 1990 den Begriff 'Psychographie'? (S. 10)

a) Handschrift der Seele   b) Landkarte des Erlebens
c) Landkarte der Persönlichkeit d) Beschreibung der Psyche
e) Schubladen der Seele   f) Geografie des Menschen

5. Wann veröffentlichte D. FRIEDMANN sein Buch 'Der Andere', mit dem die Entwicklung der modernen Psychographie begann? (S. 10)

a) 1898   b) 1998   c) 1990   d) 1937   e) 1949   f) 1999

6. Welche Richtungen der Psychologie haben die Psychographie entscheidend beeinflusst? (S. 9 u. S. 154)

a) die Transaktionsanalyse   b) die lösungsorientierte
c) die Gestalttherapie   Kurztherapie

7. Welche Erweiterung brachte W. WINKLER 1999 in die Psychographie ein? (S. 10)

a) das 'Ich-Wir-Du-Konzept'   b) den 'Typ 3'
c) die Integrierte Kurztherapie d) den Wir-Beziehungstyp

8. In welche drei Grundbereiche unterscheidet W. WINKLER das menschliche Erleben? (S. 11)

a) Beziehungstyp, Sachtyp, Handlungstyp
b) Tätigkeit, Beziehung, Zeit
c) Bevorzugung, Vernachlässigung, Kontrolleur
d) Primärbereich, Sekundärbereich, Tertiärbereich

9. Nach welchen drei 'eigengesetzlichen Lebensbereichen' hat D. FRIEDMANN 1990 seine drei Typen unterschieden? (S. 10)

a) Handeln, Sich-in-Beziehung-Setzen, Erkennen
b) Bereich 1, Bereich 2, Bereich 3
c) Sachbereich, Beziehungsbereich, Handlungsbereich
d) Denken, Machen, Fühlen

10. Nennen Sie einige Autoren oder Referenten, die sich dem Thema Psychographie widmen. (S. 11 u. S. 79-80)

a) Steve de Shazer   b) Eugen Drewermann
c) Dietmar Friedmann   d) Klaus Fritz
e) Werner Winkler   f) Christa Roller
g) Daniela Hofmann   h) Sigmund Freud
i) Susanne Freier   k) Ernst Kretschmer

11. Worin besteht der Unterschied zwischen einem 'Modell'
und einem 'Naturgesetz'? (S. 19)

a) Modelle sind Ideen, Naturgesetze objektive Fakten
b) Modelle sind Dogmen, Naturgesetze Ideen
c) Kein Unterschied
d) Modelle sind Hypothesen, Naturgesetze die Wahrheit

12. Welche Begriffe gehören zum 'Primärbereich'? (S. 30)

a) Persönlichkeitsbereich   b) Ressource
c) besondere Stärke   d) Bevorzugung
e) Entwicklungsbereich   f) Kontrolleur

13. Welche Begriffe gehören zum 'Tertiärbereich'? (S. 30)

a) Zielbereich   b) Kontrolleur
c) Entwicklungsbereich   d) Primärbereich
e) Warner   f) Ergebnis

14. Nennen Sie einige fachliche Unterscheidungsmöglichkeiten (typologische Begriffe) aus dem Bereich der Medizin
oder Psychologie. (S. 20)

a) Phlegmatiker   b) Leptosome
c) Analytiker   d) Schizophrene
e) Marstyp/Mondtyp   f) Amazonen
g) Denker   h) Schizoide
i) Beziehungstypen   k) Rothaarige

15. Viele Typologien basieren auf statischen Merkmalen. Worauf richtet die Psychographie ihr Augenmerk? (S. 21)

a) auf die Bewegungsrichtung   b) auf die Lösungsprozesse

16. Wie heißen die drei Unterbereiche des Bereiches 'Tätigkeit'? (S. 22)

a) handeln, verhandeln, aushandeln
b) schlafen, wachen, träumen
c) Machen, Fühlen, Denken
d) denken, empfinden, intuiren

17. Wie heißen die drei Unterbereiche des Bereiches 'Beziehung'? (S. 22)

a) gute Beziehungen, frühere Beziehungen, keine Beziehungen
b) Ich-Beziehung, Wir-Beziehung, Du-Beziehung
c) Vater-Beziehung, Mutter-Beziehung, Großeltern-Beziehung

18. Wie heißen die Unterbereiche des Bereiches 'Zeit'? (S. 22)

a) heute, morgen, gestern
b) Vergangenheit, Zukunft, Gegenwart
c) Höhe, Breite, Tiefe

19. Welche Hypothesen für die beobachteten Unterschiede zwischen Persönlichkeitstypen gibt es? (S. 22)

a) Genetische Anlagen
b) Ort der Einnistung des Embryos.
c) Der Erziehungsstil der Eltern.
d) Die Bevorzugung bestimmter Lebensbereiche
e) Die Vernachlässigung bestimmer Lebensbereiche
f) Die Vorliebe für bestimmte Probleme
g) Der Stand der Gestirne bei der Zeugung

20. Was versteht man unter 'Bevorzugungen'? (S. 22)

a) Die Tendenz, bestimmte Probleme besonders oft zu haben
b) Die Tendenz, ein bestimmtes Erleben anderen vorzuziehen
c) Die verstärkte Wahrnehmung eines Lebensbereichs
d) Die Vorliebe für eine bestimmte Art von Menschen

21. Was versteht man unter 'Ressourcen'? (S. 22/23)

a) Geheime Bankkonten, die nur bei Sachtypen zu finden sind
b) Die Lebensmittelvorräte der Handlungstypen
c) Die zahlreichen Beziehungen der Beziehungstypen
d) Der in jeder Triade auf die Bevorzugung folgende Bereich

22. Wie heißen die drei Grundtypen? (S. 24)

a) Macher, Denker, Fühler
b) Erkenntnistyp, Zeittyp, Sachtyp
c) Typ 1, Typ 2, Typ 3
d) Blua, Ruga, Flava
e) Sachtyp, Handlungstyp, Beziehungstyp

23. Herr H. bevorzugt den Lebensbereich 'Tätigkeit'. Zu welchem Grundtyp gehört er? (S. 25)

a) Macher   b) Handlungstyp   c) Ruga   d) Flava

24. Frau S. bevorzugt den Lebensbereich 'Zeit'. Zu welchem Grundtyp gehört sie? (S. 25)

a) Typ 1 b) Blua c) Sachtyp d) Beziehungstyp e) Zeittyp

25. Herr H. bevorzugt auf der Zeitebene die Zukunft. Welcher Bereich ist dann sein vernachlässigter? (S. 26)

a) die Tätigkeit b) die Vergangenheit c) die Gegenwart

26. Frau S. bevorzugt im Bereich 'Beziehung' die Ich-Beziehung. Welcher Bereich ist dann ihr vernachlässigter? (S. 26)

a) die Tätigkeit   b) die Wir-Beziehung   c) die Du-Beziehung

27. Wie nennt man den dritten Bereich nach der Bevorzugung und der Vernachlässigung? (S. 30)

a) Ergebnisbereich   b) Kontrolleur   c) Tertiärbereich

28. Welche drei Gesichtspunkte sollten bei der Zuordnung zu einem Typ berücksichtigt werden? (S. 37)

a) der konsensuelle Aspekt   b) der objektive Aspekt
c) die Farbe der Socken   d) der Geburtstag
e) die Typenbilder   f) die Lieblingsfarben
g) die aktuellen Probleme   h) die Relevanz typspezi -
i) häufige Krankheiten   fischer Anregungen

29. Welche der folgenden beobachtbaren Merkmale gehören zum Typenbild des Handlungstyps? (S. 37)

a) hochwertige Kleidung   b) gute Führungsqualitäten
c) kultivieren Langsamkeit   d) fragen gerne und viel
e) starker Gerechtigkeitssinn   f) freigiebig, friedliebend
g) offen für Neues   h) grüne Augen
i) scheuen Veränderung   k) meiden Arzt-Besuche
l) zielgerichtet   m) häufiges Rechtfertigen
n) dramatisieren Situationen   o) kämpferisch, streitlustig
p) brauchen genügend Schlaf   q) harmonie-, ruhebedürftig

30. Welche der folgenden beobachtbaren Merkmale gehören zum Typenbild des Beziehungstyps? (S. 41)

a) kultivieren Langsamkeit   b) fragen gerne und viel
c) starker Gerechtigkeitssinn   d) freigiebig, friedliebend

e) offen für Neues
g) schauspielerisch veranlagt
i) besonders vorsichtig
l) dramatisieren Situationen
n) blonde Haare

f) grüne Augen
h) erleben sich als Opfer
k) phantasievoll, ideenreich
m) kämpferisch, streitlustig
o) stapeln Unterlagen

31. Welche der folgenden beobachtbaren Merkmale gehören zum Typenbild des Sachtyps? (S. 45)

a) kultivieren Langsamkeit
c) besonders verständnisvoll
e) schauspielerisch veranlagt
g) scheuen Veränderung
i) besonders vorsichtig
l) genau, geduldig

b) fragen gerne und viel
d) können schwer 'Nein' sagen
f) erleben sich als Opfer
h) meiden Arzt-Besuche
k) phantasievoll, ideenreich
m) stapeln Unterlagen

32. Welche Deutungsmöglichkeiten gibt es für die Interaktion zwischen zwei Menschen mit dem exakt gleichen psychographischen Untertyp? (S. 47)

a) Langeweile
c) gleiche Hobbys
e) gegenseitige Hemmung

b) Harmonie
d) regelmäßiger Streit
f) sehr gutes Verständnis

33. Was versteht man in der Psychographie unter dem Begriff 'Idealpartner'? (S. 49)

a) den idealen Ehepartner
b) den identischen Typ

c) eine bestimmte Kombination der Untertypen

34. Wie heißt die typgerechte Haltung gegenüber Schwierigkeiten für Sachtypen? (S. 58)

a) "ich bin neugierig, wie ich dieses Problem lösen kann"
b) "alle Details eines Problems müssen verstanden werden"
c) "ohne Ursachenanalyse kann es keine Lösung geben"

35. Wie heißt die typgerechte Haltung gegenüber Schwierigkeiten für Handlungstypen? (S. 58)

a) "Rücksichtnahme auf Beziehungen ist hinderlich"
b) "Gleiches mit Gleichem – positiv"
c) "Ich schaffe das schon!"
d) "Gemeinsam sind wir stark!"

36. Wie heißt die typgerechte Haltung gegenüber Schwierigkeiten für Beziehungstypen? (S. 59)

a) "Kommt Zeit, kommt Rat"
b) "Alle Zusammenhänge müssen berücksichtigt werden"
c) "Große Probleme – einfache Lösungen"
d) "Ich muss nur versuchen, es allen recht zu machen!"

37. Was versteht man unter einer psychographischen Typanalyse bzw. Typberatung? (S. 67-68)

a) das gemeinsame Herausfinden der Persönlichkeitsstruktur
b) eine typgerechte Bearbeitung der Kindheit
c) eine typgerechte Psychoanalyse

38. Nenne mögliche Anwendungsbereiche der Psychographie
(S. 68f.)

a) typgerechte Pädagogik   b) typgerechte Psychotherapie
c) typgerechte Kleiderwahl   d) typgerechte Erziehung
e) Seelsorge und Beratung   f) Verkaufspsychologie
g) Diplomatie   h) Kriminalistik

39. Was versteht man psychographisch unter 'Triaden'? (S.83f.)

a) drei Begriffe, die dasselbe aussagen
b) drei Begriffe, die zueinander die dritten Alternativen sind
c) drei ausgewogene Möglichkeiten eines bestimmten Aspekts

40. Welche drei Begriffe bilden eine Triade? (S. 86)

a) machen, handeln, agieren
b) fühlen, denken, machen
c) angreifen, verteidigen, zurückziehen

41. Ergänzen Sie die Triade 'Ja/Nein/ ... ' (S. 87)

a) Sowohl-als-Auch   b) Vielleicht   c) Niemals

42. Ergänzen sie die Triade 'haben/sein/...' (S. 87)

a) werden   b) machen   c) können   d) zeigen

43. Ergänzen Sie die Triade 'mütterlich/väterlich/ ...' (S. 90)

a) großväterlich   b) männlich   c) kindlich   d) weiblich

44. Wozu werden in der Psychographie die Fachbegriffe 'flava', 'blua' und 'ruga' verwendet? (S. 91)

a) für die Typennamen
b) für die Logik der Untertypen
c) für die Charakterisierung der Triaden-Begriffe

45. Was versteht man unter einem 'Psychogramm'? (S. 95)

a) die grafischen Kurz-Symbole für die 81 Untertypen
b) die genaue Erfassung aller Lebensumstände des Einzelnen

46. Welches Symbol wird für die Sachtypen verwendet? (S. 95)

a) ein Kreis   b) ein Dreieck   c) ein Quadrat   d) eine Uhr

47. ... für die Handlungstypen? (S. 95)

a) ein Kreis   b) ein Dreieck   c) ein Quadrat   d) eine Hand

48. ... für die Beziehungstypen? (S. 95)

a) ein Kreis   b) ein Dreieck   c) ein Quadrat   d) ein Herz

49. Welche Naturbilder zeigen den Charakter 'Flava'? (S. 141)

a) Schmetterling   b) Autobahn
c) Blumenwiese   d) englischer Rasen
e) Regenbogen   f) Hurrikan

50. Welche Naturbilder zeigen den Charakter 'Blua'? (S. 135)

a) Sandstrand   b) Schildkröte
c) Kampfstier   d) Kieselstein
e) Weinstock   f) Hagelschauer

51. Welche Naturbilder zeigen den Charakter 'Ruga' (S. 164)

a) Seehund   b) Ameise
c) Bärin   d) Nieselregen
e) Sonnenblume   f) Löwin

Lösungen:

1. b) c) d) e) g)	15. a) b)	29. a) b) e) k)	40. b) c)
2. a) d) e)	16. c)	l) m) o) p) q)	41. b)
3. c)	17. b)	30. b) d) e) g)	42. c) d)
4. c)	18. b)	k) l)	43. c)
5. c)	19. a) b) c) d) e)	31. a) c) d) f)	44. a) b) c)
6. a) b)	20. b) c)	g) i) l) m)	45. a)
7. a) (und d)	21. d)	32. a) b) e) f)	46. c)
8. b)	22. d) e)	33. c)	47. b)
9. a)	23. b) c)	34. a)	48. a)
10. c) d) e) f) g) i)	24. b) c) e)	35. b)	49. a) c) e)
11. a)	25. c)	36. c)	50. b) d) e)
12. a) c) d)	26. b)	37. a)	51. b) c) f)
13. a) b) e) f)	27. a) b) c)	38. alle	
14. a) b) d) g) h) i)	28. a) e) h)	39. b) c)	

Offene Fragen der Psychographie

Einige Fragen, die aus dem psychographischen Modell und der praktischen Anwendung entstehen, können bisher nicht zufriedenstellend beantwortet werden. Sie stellen eine Herausforderung für die Forschung[35] der Zukunft dar, z.B.:

1. Gibt es vielleicht doch objektive oder messbare Erkennungszeichen für die drei Grundtypen (z.B. in der Retina, in den Genen, in den Linienmustern der Finger oder der Hand)[36]?

2. Wann und wie entstehen die Typunterschiede? Sind es nur Konstrukte, die im Gehirn des Beobachters entstehen, oder sind sie unabhängig davon vorhanden?

3. Wie ist die Typverteilung zwischen Männern und Frauen?

4. Wie ist die Typverteilung in der Gesamtbevölkerung?

5. Wieso verteilen sich in Familien häufig die Bevorzugungen relativ gleichmäßig oder in einer sinnvollen Weise?

6. Lässt sich die Beobachtung statistisch bestätigen, dass Sachtypen im Durchschnitt am längsten leben[37]?

7. Gibt es eine Art 'Vererbungsregel' für die Typzugehörigkeit oder geschieht sie rein zufällig[38]?

8. Sind von Anfang an nur die Grundtypen festgelegt oder auch die Bevorzugungen in den Unterbereichen?

9. Gibt es typische Erkrankungen bzw. eine Häufung von bestimmten Beschwerdebildern bei den einzelnen Typen sowie dazu passende Therapie- oder Präventionsmaßnahmen?

10. Welche Typen-Paare leben wie häufig zusammen?

11. Gibt es die Typunterschiede auch bei Säugetieren?

Nachwort

Meine Vorstellung von diesem Buch hat sich während des Schreibens verändert. Ich war mir nicht bewusst, wieviel Fragen auf mich zukommen würden, als ich die ersten Notizen machte. Für manches gab es noch keine festgelegten Begriffe, manche Sachverhalte waren (und sind) für mich selbst noch nicht abschließend geklärt – wie NADINE GORDIMER schreibt: "Eine Entdeckung bringt einen nicht ans Ziel. Sie stellt nur vor ein neues Rätsel."

Ich hoffe, die Lektüre hat Ihnen ebenso viel Einblick in das Thema, die Psychographie, gegeben wie mir die Niederschrift und Ihre praktische Menschenkenntnis wurde ein wenig erweitert.

Werner Winkler

Membergstraße 10
D - 70734 Fellbach
wewinkler@t-online.de
wernerwinkler.de

Literatur[39]

ADLER, ALFRED (1954) Menschenkenntnis, Zürich: Rascher

BAMBERGER, GÜNTER G. (1999) Lösungsorientierte Beratung, Weinheim: Psychologische Verlagsunion

BANDLER, RICHARD (1987) Veränderung des subjektiven Erlebens, Paderborn: Junfermann

BERNE, ERIC (1967) Spiele der Erwachsenen, Reinbeck: Rowohlt

COULTER, CATHERINE (1990) Portraits homöopathischer Arzneimittel, Heidelberg: Haug

DE SHAZER, STEVE (1989) Wege der erfolgreichen Kurztherapie, Stuttgart: Klett-Cotta

DE SHAZER, STEVE (1996) "... Worte waren ursprünglich Zauber", Dortmund: Borgmann

DORSCH, FRIEDRICH (1994) Psychologisches Wörterbuch, Bern: Huber

EBERLING/HARGENS (1996) Einfach kurz und gut - Zur Praxis der lösungsorientierten Kurztherapie, Dortmund: Borgmann

ELLENBERGER, HENRY F. (1973) Die Entdeckung des Unbewussten, Bern: Huber

FREIER, SUSANNE (2001) Gemeinsame Ressourcen nutzen, Vortragsmanuskript

FREUD, SIGMUND (1948) Gesammelte Werke (18 Bde.), Frankfurt: Fischer

Friedmann, Dietmar
(1990) Der Andere, München: Ehrenwirth

(1991) Die Entdeckung der eigenen Persönlichkeit, München: Ehrenwirth

(1993) Laß dir nichts vormachen! München: Ehrenwirth

(1997) Integrierte Kurztherapie, Darmstadt: Primus

(2000) Die drei Persönlichkeitstypen und ihre Lebensstrategien, Darmstadt: Primus

Friedmann, Dietmar und Fritz, Klaus
(1996) Wer bin ich? Wer bist du? München: dtv

(1997) Wie ändere ich meinen Mann? München: dtv

Fritz, Klaus (1998) Ein Sternenmantel voll Vertrauen, München: dtv

Furmann, Ben (1999) Es ist nie zu spät, eine glückliche Kindheit zu haben, Dortmund: Borgmann *(dt. von Ritva Abao)*

Gawlik, Willibald (3. Aufl.1999) Arzneimittelbild und Persönlichkeitsportrait, Stuttgart: Hippokrates

Hiller, Günter (1998) Einführung in die Wissenschaftstheorie, Vortragsmanuskript

Jung, Carl Gustav (1960) Psychologische Typen, Zürich: Rascher

Kivits, Tonja (1994) Eine kurze Geschichte der Psychologie, Düsseldorf: Econ

PESTALOZZI, JOHANN HEINRICH (1946) Gesammelte Werke, Bd.1-9, Zürich: Rotapfel

ROLLER, CHRISTA (1999) Psychographische Unterstützung von Kindern und Jugendlichen bei der Entfaltung ihrer Persönlichkeit, Vortragsmanuskript

WATZLAWICK, WEAKLAND, FISCH (1974) Lösungen, Bern: Huber

WATZLAWICK, PAUL, JANET H. BEAVIN und DON D. JACKSON (1969) Menschliche Kommunikation: Formen, Störungen, Paradoxien, Bern: Huber

WATZLAWICK, PAUL (1983) Anleitung zum Unglücklichsein, München: Piper

WATZLAWICK, PAUL (1986) Vom Schlechten des Guten, München: Piper

WINKLER, WERNER (1999) Kurze Einführung in die Psychographie nach D. Friedmann, Unterrichts-Lehrheft

WINKLER, WERNER (1999) Die Psychognomie des Menschen - Zur Entstehung und Charakteristik unterschiedlicher Persönlichkeitstypen, Unterrichts-Lehrheft

WINKLER, WERNER (2000) Das kleine 1x1 der Vitamine und Mineralstoffe für die Hausapotheke, Fellbach: Winkler-Verlag

WITTGENSTEIN, LUDWIG (1984) Werkausgabe Bd. 1, Frankfurt/M: Suhrkamp

ZIMMERMANN, JASMIN (1998) Philosophische, wissenschaftstheorethische und spirituelle Aspekte der integrierten Kurztherapie, Vortragsmanuskript

Stichwort- und Namensverzeichnis

Adressen

Psychographie-Initiative e.V.
Vorstand – c/o W. Winkler, Membergstr. 10, D-70734 Fellbach,
Tel./Fax 0711 - 5282882, E-Mail: wewinkler@t-online.de
Aktuelle Informationen: www.psychographie-initiative.de

Zentrale Seite zur Psychographie: www.psychographie.de

Über den Autor:

Werner Winkler, Jg. 1964, lehrt seit 1998 Psychographie an verschiedenen Studienorten der Dt. Paracelsus Schulen, an der Familien-Bildungsstätte in Waiblingen, in Trainingsgruppen, Seminaren und Vorträgen. 1996-97 Kurztherapie-Ausbildung bei D. Friedmann, 1997 Lösungsorientierte Psychologie bei Steve de Shazer und Insoo Kim Berg. Seit 2000 gibt er in eigenem Verlag Fachliteratur und die Zeitschrift "PSYCHOPRAKTIKA" heraus. Mitarbeiter am 'Institut für fachwissenschaftliche Psychographie (IFP)' und 1. Vorsitzender der Psychographie-Initiative e.V.

Erweiterter Anhang zur 2. Auflage

[1] In einem Ende 2003 geführten Interview ergänzte DIETMAR FRIEDMANN hinsichtlich dieser Entwicklungsphase folgende Details: Schon 1975 hatte er die "drei eigengesetzlichen Lebensbereiche entdeckt". 1979 scheiterten seine Versuche, die RIEMANNsche Typologie ("Angsttypen") mit dem transaktionsanalytischen Modell in Beziehung zu setzen. Als Geburtsstunde der Psychographie könnte 1980 gelten – FRIEDMANN erkannte mit Hilfe des sogenannten "Drama-Dreiecks" von STEPHEN KARPMAN (einem Transaktionsanalytiker), dass Menschen darin offenbar eine "Lieblingsrolle" übernehmen (Opfer, Retter, Täter). Folgerichtig fragte er sich, ob es nicht auch eine "Vermeidungsrolle" gäbe und fand diese Vermutung bestätigt. Somit ergab sich eine Prozessrichtung, die schließlich zu den bekannten Dreiecken mit ihren Bewegungsrichtungen führte. Diese Entwicklung dauerte noch bis 1988 und fand ihren vorläufigen Abschluss in der Veröffentlichung von "Der Andere" (1990). Parallel dazu begann Friedmann, u.a. an der Paracelsus Schule in Freiburg die neuentdeckten Typen zu lehren, wobei der Schwerpunkt bei den "Schlüsselfähigkeiten" lag. Außerdem verwendete er diese Erkenntnisse in seiner Beratungstätigkeit und in der Arbeit mit Führungskräften. Bei seinen transaktionsanalytischen Kollegen und Ausbildern fand er dafür jedoch kein Interesse.

[2] Auf dem 5. Psychographie-Tag 2003 mit über 100 Besuchern waren 27 Dozenten in 30 Veranstaltungen beteiligt.

[3] Inzwischen zeigt sich, dass das hier vorgestellte Modell bzw. Teile daraus von den meisten Psychographen (auch von KLAUS FRITZ und DIETMAR FRIEDMANN) als nützlich angesehen wird.

[4] "Wer bin ich? Wer bist du?" als auch "Integrierte Kurztherapie" sollen 2004 in überarbeiteten Neuauflagen erscheinen; aktu-elle Literaturliste jeweils unter www.psychographie.de.

[5] 2003 erschien von KLAUS FRITZ bei dtv "So verstehen wir uns – die drei Persönlichkeitstypen in der Eltern-Kind-Beziehung"; hierin werden noch weitgehend die alten Typbeschreibungen verwendet, jedoch bereits auf die neuformulierten Untertypen Bezug genommen. Der Autor erfuhr erst kurz vor Abschluss des Manuskripts von diesen Erweiterungen.

[6] Diese Untertypen werden in den Bänden der Reihe "Lösungsorientierte Menschenkenntnis" ausführlich beschrieben und mit Praxisbeispielen illustriert.

[7] "Fühlen" *(engl. to perceive)* könnte auch mit "wahrnehmen" betitelt werden; es meint nicht "Emotionen", diese gehören eher zum Bereich "Denken" (verarbeiten von Reizen).

[8] Dies bezieht sich vor allem auf die Ableitungen und Schlussfolgerungen aus den beobachteten Typunterschieden; sie blieben selbst dann ein Modell, wenn biologische und objektiv messbare Unterscheidungskriterien für die Typen gefunden würden.

[9] Im Arbeitskreis "Psychographie in der psychologischen Praxis" unter der Leitung von GÜNTER HILLER wurde 2002 eine längere Liste mit möglichen Vorgehensweisen zur Typermittlung erarbeitet:

Je nach Situation sind unterschiedliche Vorgehensweisen tauglich - entscheidend ist dabei auch, ob die Kandidaten selbst aktiv beteiligt werden können (z.B. in einem Kurs) oder ob wir sie nur beobachten können (z.B. Kunden in einer Bank). Zuerst die Methoden, bei denen aktive Mitarbeit nötig ist:

1. Die Typen und ihre Eigenschaften der Reihe nach vorstellen. Die Zuhörer erkennen sich evtl. selbst in einer Typbeschreibung. Hilfreich können auch Anekdoten sein, die interpretiert bzw. erörtert werden (sowie Beispiele aus dem Bekanntenkreis oder dem öffentlichen Leben).

2. Die Typbeschreibungen/die Typerkennungsmerkmale werden dem Kandidaten gezeigt (lesen lassen). Er erkennt sich in einer der Typbeschreibungen (evtl. Textstellen aus den Fachbüchern kopieren).

3. Die Typbeschreibungen werden einem/mehreren Bekannten des Kandidaten gezeigt. Sie erkennen ihn in einer der Typbeschreibungen. Dies ist oft deutlicher als die Eigenbeurteilung – an sich selbst nimmt man die Gewichtung der Lebensbereiche häufig nicht deutlich genug wahr.

4. Vor einer Gruppe (Kurs/Seminar) beschreiben die Teilnehmer, wie sie sich sehen; dann beschreiben die Anwesenden, wie sie die Person erleben. Beide Beschreibungen werden mit den Typmerkmalen verglichen (Eigen- /Fremdwahrnehmung).

5. Die Verwendung des von CH. ROLLER und W. WINKLER entworfenen Typen-Indikators mit Paket-Fragen und verdeckter Auswertung (besonders für Gruppen geeignet).

6. Man konstruiert ein "Dilemma", also eine Zwickmühlen-Situation ("wie würden Sie dann und dann reagieren?"). Aus den jeweiligen Antworten lässt sich der Grundtyp manchmal deutlich erkennen. Dies ist z.B. in Bewerbungsgesprächen oder in der Sozialforschung üblich.

7. Was als so genannte 'früheste Erinnerungen' aus der Kindheit erzählt wird, lässt häufig den Typ erkennen (auch *wie* es erzählt wird).

8. Gezielte Fragestellung nach Typmerkmalen, bevorzugt dabei objektive Merkmale erfragen (z.B. "Wie sieht Ihr Schuhschrank/Garten/Schreibtisch aus?").

Nun die Methoden zur Typerkennung, bei denen die Kandidaten nichts über die Psychographie wissen müssen:

9. Wenn jemand Alltagsgeschichten erzählt, 'fahndet' man zwischen den Zeilen nach typischen Merkmalen (dazu ist jedoch eine gewisse Kenntnis der Typen und Erfahrung nötig).

10. Durch das allmähliche Kennenlernen eines Menschen lässt sich mit der Zeit sein Typ relativ deutlich erkennen.

11. Als 'Freistil' könnte man die Methode bezeichnen, sehr direkt nach Bevorzugungen zu fragen (z.B. "Hängen Sie sehr an der Vergangenheit?") oder die anderen Methoden ohne System (intuitiv) zu mischen.

12. Anhand einer aktuellen Problemschilderung kann der Typ relativ deutlich zu Tage treten.

13. Ähnlich nützlich sind Berichte über Problemlösungen – hier fallen typische Lösungsstrategien häufig deutlich auf.

14. Manchmal ergänzt auch eine optische Ähnlichkeit oder der Vergleich von äußeren Kennzeichen (Gang, Kleidung, Mimik, Stimme, Handbewegungen) die Typerkennung.

Diese Liste lässt sich sicher im Laufe der Zeit und mit zunehmender Erfahrung noch weiter verlängern. Deutlich wird hier auch der Unterschied zwischen der Psychographie und anderen Typologien: Die Typmerkmale, nach denen der Psychograph Ausschau hält, lassen sich in fast allen Lebensäußerungen wiederfinden (etwa am Telefon oder in schriftlichen Aufzeichnungen, bei denen z.B. Gesichtsmerkmale als Anhaltspunkte ausfallen). Trotzdem handelt es sich jeweils zunächst nur um einen "Typverdacht", eine definitive Zuordnung kann nur in konsensueller Übereinkunft zustande kommen.

WINKLER hat 2002 einen Ablaufplan zur Typanalyse entworfen, in dem diese Methodenliste ("Einstiegsvarianten") ihren zeitlichen Platz findet (s. nächste Seite):

Ablaufschema für die konsensuelle Typanalyse

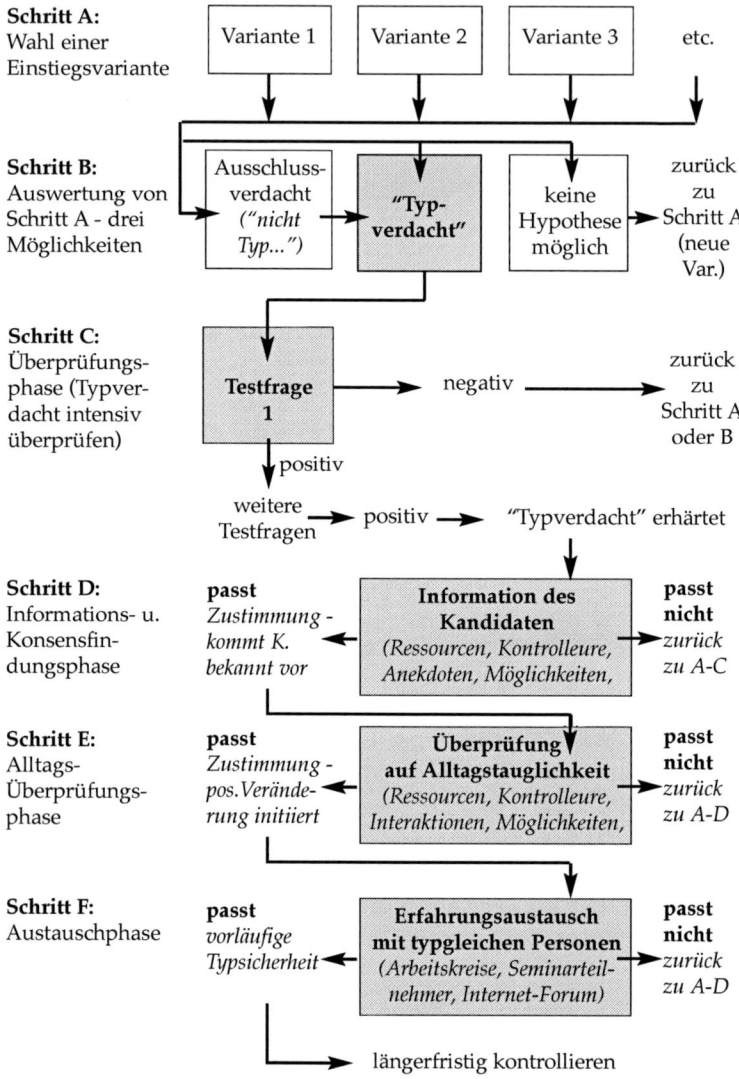

Schritt A:
Wahl einer
Einstiegsvariante

| Variante 1 | Variante 2 | Variante 3 | etc. |

Schritt B:
Auswertung von
Schritt A - drei
Möglichkeiten

Ausschluss-
verdacht
("nicht
Typ...") → **"Typ-
verdacht"** → keine
Hypothese
möglich → zurück
zu
Schritt A
(neue
Var.)

Schritt C:
Überprüfungs-
phase (Typver-
dacht intensiv
überprüfen)

**Testfrage
1** → negativ → zurück
zu
Schritt A
oder B

↓ positiv

weitere
Testfragen → positiv → "Typverdacht" erhärtet

Schritt D:
Informations- u.
Konsensfin-
dungsphase

passt
Zustimmung -
kommt K.
bekannt vor ← **Information des
Kandidaten**
*(Ressourcen, Kontrolleure,
Anekdoten, Möglichkeiten,* → passt
nicht
zurück
zu A-C

Schritt E:
Alltags-
Überprüfungs-
phase

passt
Zustimmung -
pos.Verände-
rung initiiert ← **Überprüfung
auf Alltagstauglichkeit**
*(Ressourcen, Kontrolleure,
Interaktionen, Möglichkeiten,* → passt
nicht
zurück
zu A-D

Schritt F:
Austauschphase

passt
vorläufige
Typsicherheit ← **Erfahrungsaustausch
mit typgleichen Personen**
*(Arbeitskreise, Seminarteil-
nehmer, Internet-Forum)* → passt
nicht
zurück
zu A-D

→ längerfristig kontrollieren

[10] Die Typenbilder werden manchmal an den Beispielen von Personen des öffentlichen Lebens offensichtlich – eine Liste Prominenter mit der jeweiligen Typzuordnung findet sich unter www.psychographie.de

[11] Eine Ausnahme bilden offenbar jene Situationen, in denen Handlungstypen um die Übernahme von (noch) mehr Verantwortung gebeten werden. Das hier geäußerte "Ja" entspringt jedoch meist einem Verpflichtungsgefühl. Mit "Nein-Haltung" könnte man auch die Fähigkeit bezeichnen, zu sehen, was nicht gut ist und in Ordnung gebracht werden muss.

[12] "Mangel an Fantasie" lässt sich hier vor allem im Vergleich zum Beziehungstyp erkennen. Es bedeutet nicht, dass Handlungstypen *keine* Fantasie hätten.

[13] Selbstverständlich sind die Typenbilder etwas überzeichnet, damit die Beschreibungen an Einprägsamkeit gewinnen.

[14] Interessanterweise überlegte FRIEDMANN anfangs, den Sachtyp "Seinstyp" zu nennen. Dies würde zur Zuschreibung "Dasein" recht gut passen.

[15] vgl. "Lösungsorientierte Menschenkenntnis", S. 66ff.

[16] Insgesamt lassen sich drei symetrische Interaktionsmuster beobachten: 1:2:1, 2:0:2 und 0:4:0.

[17] s. Band 2 der Reihe "Lösungsorientierte Menschenkenntnis" zum Thema "Psychographie für Eltern und Großeltern" (Beispiele von CHRISTA ROLLER und SUSANNE FREIER).

[18] s. Band 4 der Reihe "Lösungsorientierte Menschenkenntnis" ... für Pädagogen" und Band 7 "... für Erzieherinnen", die zeigen, wie Psychographie hier praktisch umgesetzt wird.

Hierzu ein von WINKLER in der Zeitschrift "PSYCHOPRAKTIKA" (Nr. 8/2003) veröffentlichter Artikel:

Neue Hypothese zur Entstehung der psychographischen Typunterschiede

Rückblick

Nachdem in den letzten Jahren verschiedene Hypothesen zur Entstehung der psychographischen Typunterschiede vorgestellt, überprüft und wieder verworfen wurden, möchte ich an dieser Stelle einen bisher unbedachten Faktor ins Gespräch bringen, der für die Ausdifferenzierung der verschiedenen Typen ausschlaggebend sein könnte.

Zur Erinnerung: Als letzten Stand der Diskussion waren verschiedene Psychographen zur Überzeugung gelangt, dass alle Optionen (hinsichtlich der Grundtypen und der Untertypen) im genetischen Möglichkeitsspektrum angelegt seien – dass also der "Genotyp" (die genetische Grundausstattung) nicht ursächlich für die Typbildung verantwortlich zeichnet, sondern sich erst im "Phänotyp" (im tatsächlich sich zeigenden Individuum) die Typunterschiede bemerkbar machen.

Gäbe es genetische Unterschiede zwischen den Typen, müssten sich diese in irgend einer Form weitervererben – bisher tauchte jedoch keine erkennbare 'Vererbungsregel' auf. Die Typbildung scheint jedoch zwischen den jeweils drei Optionen relativ gleichmäßig stattzufinden, was eher auf einen Zufallsfaktor hinweist. Dass die Mütter (bzw. Eltern) alleine durch Unterschiede in der Erziehung solch weitreichende Typverschiedenheiten auslösen können, wird ebenfalls von den meisten, die sich mit dem Thema beschäftigen, für undenkbar gehalten (in der Anfangszeit der Psychographie gab es solche Meinungen).

Typbildung durch die mütterliche Eizelle?

Die These einer Vererbung über die mitochondriale DNA, die zwischenzeitlich ins Gespräch gebracht wurde, ließ sich nicht erhärten. Zwar wäre dies eine Erklärung für die Beobachtung, dass Mütter mit drei Kindern mit einer statistisch erhöhten Wahrscheinlichkeit drei typverschiedene Kinder zur Welt bringen – jedoch müssten bei einer ausschlaggebenden Rolle der Mitochondrien für die Typbildung alle Geschwister vom gleichen Typ sein, da sich deren mitochondriale

DNA untereinander und gegenüber der Mutter gleichen. Das war zu Beginn der Diskussion nicht bekannt. Andere typprägende Unterschiede in der mütterlichen Eizelle scheinen nicht zu existieren.

Die Anschlussfrage war nun natürlich: Durch welche/n Einflussfaktor/en geschieht diese Ausdifferenzierung (und gleichzeitig die z.T. auffällige optische Ähnlichkeit der 'psychographischen Zwillinge)'? In der Pflanzenbiologie ist z.b. das Phänomen dieser "variablen Modifikabilität" bei der Chinesischen Primel bekannt: Je nach Aufzuchttemperatur bildet diese rote oder weiße Blüten aus, obwohl die genetische Grundlage identisch ist. Weitgehende Einigkeit herrschte schon länger über die Beobachtung, dass Kinder bereits mit Merkmalen eines Typs geboren werden. Mütter mit typverschiedenen Kindern berichten öfters von typischen Unterschieden im Verhalten während der Schwangerschaft (und im Geburtsverhalten) der Kinder.

Der entscheidende Zeitraum engt sich ein
Das hieße also, dass als Zeitraum für die "entscheidende Weichenstellung" nur die Phase zwischen der Befruchtung und der Geburt in Frage käme – und hier wiederum bevorzugt die ersten Wochen der Ausbildung des Embryos.

Die neue Hypothese: Einfluss der Schwerkraft auf die Nährstoffzufuhr
Nachdem sich der Embryo sechs Tage nach seiner Befruchtung in der Gebärmutterschleimhaut eingenistet hat, fängt er an, sich zu differenzieren und einen Kontakt (ähnlich wie Wurzeln) zur Mutter herzustellen. Über diesen, sich später zur Nabelschnur auswachsenden Kontaktpunkt, werden Blut und Nährstoffe transportiert, was für die weitere Entwicklung von existenzieller Bedeutung ist. Ein Zitat aus *Linder: Biologie*: "Nach acht Wochen hat der Embryo eine Scheitel-Steiß-Länge von etwa 3cm. Während der Ausgestaltung reagieren die Organanlagen sehr empfindlich auf schädliche Einflüsse von außen wie z.B. Sauerstoffmangel, chemische Stoffe, Strahlen sowie Viren und Bakteriengifte. Solche Einflüsse führen oft zu bleibenden Organschäden, Missbildungen oder Fehlgeburten." (S. 277)

Die Annahme lautet nun auf dem besprochenen Hintergrund: Die räumliche Lage des Embryos gegenüber der Mutter (in Form der nährstoffspendenden Schleimhautwand) hat durch die Einwirkung der vorherrschenden Schwerkraft-Richtung einen (wenn auch u.U. nur geringen) Einfluss auf die Frühentwicklung. Drei Möglichkeiten scheinen hier unterscheidbar:

1. Möglichkeit: Der Embryo liegt 'unter' der Schleimhautwand.
Das würde bedeuten, dass die Zufuhr von Nährstoffen von der Schwerkraft unterstützt wird und der Embryo den Eindruck bekäme, stets gut und mühelos versorgt zu werden. Dies könnte eine positive Grunderfahrung der Beziehung zur Mutter (und damit zur Welt an sich) bewirken. Hier scheint es sich um ein Muster zu handeln, das im Ergebnis den *Beziehungstyp* ausbildet.

2. Möglichkeit: Der Embryo liegt 'über' der Schleimhautwand.
Die Nährstoffversorgung würde hier entgegen der Schwerkraft vonstatten gehen, wäre also mit permanenter Arbeit und Anstrengung verbunden. Der Kontakt zur versorgenden Mutter zeigt sich hier bei weitem nicht so positiv, dagegen muss das schon vorhandene Herz mehr Arbeit leisten. Dieses Muster deckt sich relativ gut mit dem Erleben des *Handlungstyps*.

3. Möglichkeit: Der Embryo liegt 'seitlich/horizontal' zur Schleimhautwand
In dieser Lage wirkt sich die Schwerkraft nur zeitweise, eher zufällig, auf die Nährstoffzufuhr aus – jede kleinste Bewegung des Embryos kann sich positiv oder negativ auswirken. Die zeitliche Komponente, das Abwarten, geduldig sein etc. erhält schon früh eine lebenswichtige Bedeutung. Für Psychographen zeigt sich in dieser Situation offensichtlich der *Sachtyp*.

Auch die Ausprägung der Untertypen ließe sich durch den Einfluss der Schwerkraft möglicherweise nachvollziehen: Je nachdem, welche Organgruppe oder welche Teile des Nervensystems bei ihrer Bildung von der Schwerkraft bevorzugt werden, geschieht eine mehr oder weniger starke Einseitigkeit in der Entwicklung, wie wir sie bekanntlich noch im Erwachsenenalter beobachten.

Eine Dreiteilung in der Ausdifferenzierung ist im Übrigen durchaus bekannt – etwa im Großhirn, wo Biologen eine motorische Region (Bewegung), eine sensorische Region (Sinnesorgane) und eine Assoziationsregion (Verknüpfungen) unterscheiden. Oder im "basalen Bereich" des Gehirns: Dort gibt es "Basalganglien", welche für die *Körperbewegung* zuständig sind, den "Hypocampus" *(Gedächtnisspeicherung)* und den "Mandelkern" *(Gefühle, Nervensystem)* (...).

[20] Dies gilt auch für die Anwendungsbereiche Coaching und Berufsberatung, wie Berichte von Psychographen zeigen.

[21] Weitere Tipps zur Gesprächsführung finden sich in *Winkler: 99 Lösungswerkzeuge – Praxis der Problemlösung*.

[22] Beispiele hierzu finden sich in: *"Lösungsorientierte Menschenkenntnis, Band 4: Psychographie für Pädagogen"* (von DANIELA HOFMANN und GABY VOGELSANG).

[23] Inzwischen gibt es an mehreren Schulen Dozenten, welche Psychographie im Fach "Persönlichkeitspsychologie" lehren.

[24] Außerdem findet seit 2002 ein "Sommer-Intensiv-Training" mit W. WINKLER in Stuttgart statt, während dem umfassende Kenntnisse der Psychographie erworben werden können.

[25] Bewährt haben sich Kurse mit Teilnehmern, die regelmäßig zusammen arbeiten und dabei ihre Beobachtungen und Erfahrungen miteinander teilen.

[26] Auch zum jährlichen Psychographie-Tag reisen Teilnehmer aus dem ganzen Bundesgebiet an; ein intensiver Austausch findet auch per E-Mail und z.T. im Internet statt (z.B. im Forum der Psychographie-Initiative unter www.psychographie-initiative.de).

[27] In den bis Nov. 2003 erschienenen neun Ausgaben wurden zahlreiche Artikel zum Thema "Psychographie" veröffentlicht.

[28] Themen des 5. Psychographie-Tages 2003 waren u.a.: "Typologien im Vergleich (G. HILLER)", "Vorsicht Psychographie!" (H. HÄGELE), "Psychographie und Unternehmensberatung" (E. MORAT), "Die Typen im Alter" (D. GERBER, K. FRITZ), "Wie verlieben sich die Typen?" (P. VOGEL).

[29] Die ursprünglich vorgesehene Benennung mit lateinischen Begriffen musste verworfen werden, da dort keine eindeutigen Farbbezeichnungen vorkommen.

[30] Inzwischen gibt es im Winkler-Verlag ein Spielkarten-Set mit diesen 81 Motiven in Farbe (www.wernerwinkler.de/81.htm).

[31] Zahlreiche Beispiele hierzu finden sich in den Bänden der Reihe "Lösungsorientierte Menschenkenntnis".

[32] Die Suche nach den biologischen Ursachen der Typunterschiede wurde durch die Beobachtung von z.T. deutlichen optischen Ähnlichkeiten bei 'psychographischen Zwillingen' angeregt – bisher jedoch ohne Erfolg. Falls es doch genetische Hintergründe geben sollte, sind diese vermutlich sehr schwer zu finden.

[33] Auch DE SHAZER beschreibt Typen: Er unterscheidet Besucher (Beziehungstypen?), Klagende (Sachtypen?) und Kunden (Handlungstypen?).

[34] Dieses Wort existiert nur in der deutschen Fassung.

[35] Hierzu wurde 2003 das "Institut für fachwissenschaftliche Psychographie" gegründet (www.psychographie-institut.de).

[36] Nach bisherigen Recherchen eher nicht.

[37] Die bisher gesammelten Daten lassen keine eindeutige Tendenz in dieser Richtung erkennen.

[38] Vgl. dazu die Anmerkung unter [19]

[39] Eine regelmäßig aktualisierte Literaturliste findet sich unter www.psychographie.de